Stefanie Ball
Anja Hasenhütl

Im Schlepptau nach Amerika

Stefanie Ball
Anja Hasenhütl

Im Schlepptau nach Amerika

Anleitung zum erfolgreichen Expat-Dasein
in den USA

Tectum

Stefanie Ball
Anja Hasenhütl

Im Schlepptau nach Amerika
Anleitung zum erfolgreichen Expat-Dasein in den USA

© Tectum Verlag Marburg, 2016
ISBN 978-3-8288-3617-4

Mit Fotografien von Stefanie Ball
Umschlagabbildung: Hannes Mercker | www.hannes-mercker.de
Umschlaggestaltung, Satz und Layout: Norman Rinkenberger | Tectum Verlag

Druck und Bindung: CPI buchbücher.de, Birkach
Printed in Germany
Alle Rechte vorbehalten

Besuchen Sie uns im Internet
www.tectum-verlag.de

Bibliografische Informationen der Deutschen Nationalbibliothek
Die Deutsche Nationalbibliothek verzeichnet diese Publikation in der Deutschen
Nationalbibliografie; detaillierte bibliografische Angaben sind im Internet über
http://dnb.ddb.de abrufbar.

Danksagung

Wir bedanken uns an dieser Stelle herzlich für all die Hilfe und Unterstützung, die wir beim Schreiben dieses Buches erfahren haben. Großer Dank gilt dabei den Expat-Frauen, die uns nicht nur mit ihren Erlebnissen und Erfahrungen versorgt, sondern auch mit ihren Ratschlägen tatkräftig unterstützt haben, ganz besonders der Expat-Community in New Jersey und White Plains, New York. Dank geht auch an unsere Männer – Andreas Meier fürs Checken der Fakten und Patrick Hasenhütl für die zahlreichen Spielplatzbesuche mit dem Nachwuchs. Für das akribische Korrekturlesen danken wir nicht zuletzt Thea Suthues.

Stefanie Ball, Anja Hasenhütl

Die amerikanische Flagge weht überall: in Gärten, an Schulen, vor Bürogebäuden oder eben am Strand. Die hier flattert auf Fire Island, eine knappe Autostunde von New York City entfernt.

Inhaltsverzeichnis

Vorwort

Buy one, get three!

Dieses Buch ist eine Gebrauchsanweisung für Expats, für Menschen also, die für eine gewisse Zeit, meist als Entsendete von Unternehmen, im Ausland leben. Es ist auch ein Buch für Frauen, weil diejenigen, die den schwierigsten Part dieses Expat-Daseins übernehmen müssen, nämlich die Neuerfindung des eigenen Lebens, die Frauen sind. Und das Buch ist ein Ratgeber für Amerika, der versucht, die Mentalität des Gastgebers ein wenig zu ergründen. Also: „Buy one, get three" – drei Bücher in einem, und damit wären wir schon mittendrin in amerikanischen Gepflogenheiten...

Amerika ist ein facettenreiches Land mit zahlreichen Glaubens- und Lebensgemeinschaften. Eine von ihnen sind die *Amish People*. Sie führen ein Dasein, das sich nur wenig von dem ihrer Vorfahren unterscheidet. Vor 300 Jahren flohen die Anhänger dieser protestantischen Glaubensgemeinschaft vor religiöser Verfolgung in Europa.

Der Yellowstone Nationalpark im Bundesstaat Wyoming ist der älteste Nationalpark der Welt (gegründet 1872). Seine Geysire sind eines der Naturwunder, die das Land bereithält.

1 Die Reise beginnt

1.1   Ein bisschen Theorie

1.1.1   Im Ausland in bester Gesellschaft

Der Expatriate oder Expat ist jemand, der (im Auftrag seiner Firma) längere Zeit im Ausland arbeitet. Wie viele Expats es gibt? Die Datenlage in dieser Frage ist dürftig. Die erste umfassende Untersuchung hat 2014 das Marktforschungsinstitut Finaccord vorgelegt. Danach lag die Zahl der Expats 2013 weltweit bei 50,5 Millionen. Der Trend für die Zukunft zeigt nach oben: 2017 sollen es bereits 56,8 Millionen sein. Die sogennanten „corporate transferees", die von Unternehmen Entsandten oder Delegierten, machen davon wiederum den kleinsten Teil aus (1 Prozent, 500.000); die meisten Expats sind auf eigene Faust im Ausland beruflich unterwegs oder studieren.

Unbestritten bleibt aber der wachsende Bedarf an global einsetzbaren Mitarbeitern, wie sich in zahlreichen Umfragen zeigt. So hat der Deutsche Industrie- und Handelskammertag 2013 rund 2500 Unternehmen befragt, und danach planen 46 Prozent der Firmen im verarbeitenden Gewerbe den Schritt ins Ausland. Nach den Prognosen des Mobilitäts-Reports der Wirtschaftsprüfungsgesellschaft PricewaterhouseCoopers (PwC) wird die Zahl der Auslandsdelegationen bis 2020 um 50 Prozent steigen (*Talent mobility: 2020 and beyond*).

Entsendungen ins Ausland sind also längst nicht mehr die Ausnahme; in einer global wirtschaftenden Welt ist es für Unternehmen unumgänglich, Mitarbeiter für mehrere Jahre an Standorte weltweit zu schicken. Die Gründe dafür können vielfältig sein: In den Wachstumsregionen Asien und Südamerika fehlen vielfach hochqualifizierte Fachkräfte und lokale Mitarbeiter können – verständlicherweise – das deutsche Unternehmen mit seiner (Arbeits-) Kultur nicht so gut kennen und sind nicht so optimal vernetzt wie ein deutscher Mitarbeiter. Im PwC-Report heißt es dazu: „Für Unternehmen sind Entsendungen eine gute Möglichkeit, um sich Zugang zu Wachstumsmärkten zu verschaffen, Lücken im Knowhow zu schließen, attraktiv für potenzielle Bewerber zu sein und die eigenen Mitarbeiter weiterzuentwickeln." Hinzu kommen Institutionen wie Goethe-Institut, Friedrich-Ebert-Stiftung, Industrie- und Handelskammer, Schulen und Konsularvertretungen, wo überwiegend Deutsche arbeiten.

Es dürfte also schwerlich möglich sein, auf seiner Auslandsdelegation – in welchen Teil der Erde auch immer – nicht auf Deutsche zu treffen. Vielleicht will man das gar nicht, aber es gibt doch eine gewisse Sicherheit zu wissen, dass man nicht alleine ist auf seinem Abenteuer und irgendwo schon ein Stammtisch existieren wird, an dem sich die Deutschen zusammenrotten.

1.1.2   Auf die Frau kommt es an

Etwa ein Drittel der Deutschen würde eine Zeit lang eine Stelle im Ausland annehmen, wenn sie ein solches Angebot bekämen. Zwischen dem Wunsch und der Wirklichkeit liegen im Zweifel jedoch ein paar Stolpersteine und nicht immer gelingt das Wagnis.

Aber warum? In Umfragen nennen Mitarbeiter immer wieder einen Punkt als Hauptgrund: die Unzufriedenheit der mitreisenden Partner (und/oder unglückliche Kinder). Und die fallen schon allein zahlenmäßig ins Gewicht: Laut Finaccord-Erhebung machen die „*non-employed spouses and children*" (nicht berufstätige Partner und Kinder) 12,8 Prozent der Expat-Gemeinschaft aus. Die Unternehmensberatung EY (Ernst&Young) führt seit einigen Jahren einen *Global Mobility Effectiveness Survey* durch, um die Trends bei globalen Mitarbeitermissionen zu untersuchen. In der Umfrage von 2013 nennen 65 Prozent der Befragten die mangelnde Schulqualität, unbefriedigende Wohnverhältnisse und fehlende Jobmöglichkeiten für die Partner als Gründe für einen gescheiterten Auslandsaufenthalt. Auch die Relocation-Firma Brookfield spürt jedes Jahr den Mobilitätstrends nach. Im 2015 *Global Mobility Trends Survey* sagen zwei Drittel der befragten Unternehmen, dass die Mit-Delegierten mit ihren Bedenken und Anliegen den größten Einfluss haben, wenn es darum geht, die Wunschkandidaten für einen Auslandstransfer zu gewinnen. Der Widerstand der mitreisenden Partner, die Ausbildung der Kinder und die generelle Anpassung der Familie an das Expat-Leben gelten gemäß Brookfield-Report allgemein als die kritischsten Punkte, die es zu überwinden gilt, soll die Entsendung erfolgreich werden.

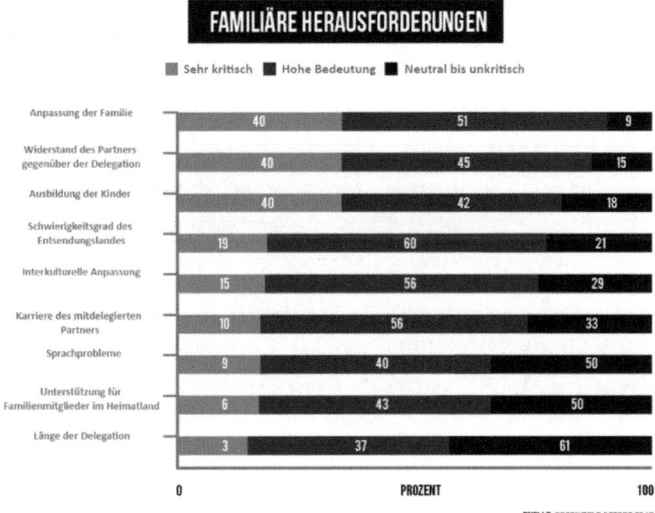

Die (wenigen) wissenschaftlichen Untersuchungen, die es zu dem Thema gibt, belegen ganz allgemein, dass zwischen der Zufriedenheit der begleitenden Partner und der der Entsandten ein deutlicher Zusammenhang besteht. Schaffen es die Partner (und/oder die Kinder) nicht, sich in das neue Leben hineinzufinden, hat das auch Folgen für die Mitarbeiter. Sie können noch so zufrieden mit ihren neuen Jobs sein – die negative Stimmung zu Hause wird sich auf sie und (womöglich) ihre Arbeit auswirken. Im Umkehrschluss heißt das: Je besser die Partner integriert und je zufriedener diese sind, umso erfolgreicher wird die Auslandsmission als Ganzes verlaufen.

Das Risiko einer frühzeitigen Heimkehr wiegt für die Unternehmen umso schwerer, als ein Mitarbeiter-Transfer ins Ausland recht kostspielig ist. PricewaterhouseCoopers kommt auf jährlich 311.000 US-Dollar pro Entsendung. Dennoch wird speziell für die Vorbereitung der Partner oft nur wenig getan. Laut einer Umfrage (*Allied Workforce Mobility Survey* 2012) bieten gerade neun Prozent der Unternehmen eine auf die mitreisenden Partner zugeschnittene Betreuung an.

„Die delegierten Mitarbeiter haben eine gewisse Stabilität; sie gehen jeden Tag arbeiten und ihr Tag ist nicht so viel anders als vorher. Es ist aber eine enorme Veränderung für die Partner. Sie haben vielleicht keinen Job, sprechen die Sprache nicht, können die Lieblingsmarke ihrer Erdnussbutter im Supermarkt nicht finden. Wir müssen unsere Wirtschaftsführer immer wieder daran erinnern, die Familien nicht zu vergessen", mahnt Ellen Shipley, Director Global Mobility bei EY. In der Tat verschieben die Mitarbeiter ihren Schreibtisch nur von hier nach dort. Sie müssen sich an neue Kollegen, andere Arbeitsweisen, eine fremde Arbeitskultur gewöhnen. Doch dafür bekommen sie einen aufregenden, anspruchsvollen Job, dürfen vielleicht umherreisen, verdienen mehr, machen einen Schritt auf der Karriereleiter nach oben. Vor den Partnern hingegen tut sich erst einmal ein großes Loch auf, in dem alle Gewissheiten, Rollenverteilungen und Aufgaben verschwinden.

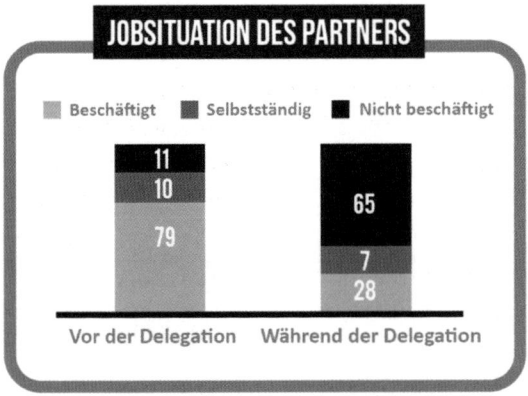

Quelle: Permits Foundation

Im Englischen werden die mitdelegierten Partner auch *„trailing spouse"* genannt, *Schlepptau-Partner*. Der Ausdruck findet sich erstmals in einem Artikel im Wall Street Journal 1981 wieder, und sein Gebrauch wird in Expat-Foren vielfach heftig kritisiert. Im Schlepptau befindet sich niemand gerne, erst recht nicht in Zeiten von Emanzipation und Gleichstellung – aber so ist (zunächst einmal) die Realität: Einer wird entsandt, der andere kommt mit. Wer der eine und der andere ist? Das Wort *spouse*, Partner, ließe sich gemeinhin durch Frau ersetzen, denn sie ist es, die sich in den allermeisten Fällen in dieser Rolle wiederfindet: Laut Brookfield-Report sind 81 Prozent der Entsandten Männer.

Also: Auf die Frau kommt es an, soll eine Auslandsdelegation eine erfolgreiche Unternehmung werden. Und da Sie gerade diese Zeilen lesen, sind Sie auf dem besten Wege dazu. Einfach weiterlesen.

1.1.3 Wie Sie perfekt aneinander vorbeireden können – Ein kleiner Ausflug in die Kulturwissenschaft

Sesshaftigkeit war gestern, Mobilität ist heute. Den Nomaden gleich ziehen die modernen Menschen in ihrem Land oder der Welt umher, getrieben von sich oder den Unternehmen. Kommuniziert und konferiert wird über Telefon oder Internet, getragen werden Anzug, Hemd und in der Freizeit die Jeans, zum Essen gibt es Sushi und Pizza. Distanzen, Zeitverschiebungen, äußerliche Unterschiede verschwimmen. Die Welt ist tatsächlich ein Dorf – könnte man meinen. Dass jenseits dieser Ausprägungen einer globalen Kommunikations-, Mode- und Esskultur nach wie vor kulturelle Besonderheiten existieren, die die Menschen unterscheiden, gerät darüber fast in Vergessenheit.

Bis man dann plötzlich mittendrin ist, in der anderen Kultur, und sich denkt: „Die sind aber komisch."

Was sie, die „anderen", in Wirklichkeit nicht sind. Wir sehen sie nur durch die Brille der eigenen kulturellen Prägung. Aber was ist Kultur eigentlich? Und wie und warum beeinflusst sie einen? Viele Wissenschaftler haben sich mit dieser Frage auseinandergesetzt und selbst wenn an dieser Stelle keine tiefgreifende Kulturforschung betrieben werden soll, lohnt sich doch ein kurzer Blick in die Theorie. Denn die erklärt die späteren praktischen Erfahrungen erstaunlich gut.

Einer der bekanntesten Kulturwissenschaftler ist der Niederländer Geert Hofstede. Er beschreibt Kultur als „mentale Software", die im Laufe des Sozialisationsprozesses eines Menschen (innerhalb der Familie, der Nachbarschaft, in der Schule, unter Freunden, am Arbeitsplatz) „programmiert" wird. Im Laufe dieser Sozialisation erwirbt jeder Mensch bestimmte Muster des Denkens, Fühlens und Handelns, eignet sich Symbole an (Gesten, Bilder, Objekte wie etwa Flaggen oder Haarschnitte), die in der Kultur bestimmend sind, kennt die Helden, mit denen sich die Gesellschaft identifiziert. Und diese „Kultivierung" ist bereits in frühen Jahren weitgehend abgeschlossen. Das Problem daran: Weil man sich oftmals nur in seiner eigenen kulturellen Gruppe bewegt, ist man sich dieser Programmierung gar nicht bewusst. Hofstedes Schüler Fons Trompenaars, ebenfalls ein Niederländer, hat es so beschrieben: *„A fish only discovers its need for water when it is no longer in it. Our own culture is like water to a fish. It sustains us. We live and breathe through it."* – Ein Fisch stellt erst fest, dass er das Wasser braucht, wenn er nicht mehr in ihm schwimmt. Unsere eigene Kultur ist wie das Wasser für den Fisch. Wir atmen und leben durch sie.

Was passiert aber, wenn der Fisch plötzlich an Land geworfen wird, der Mensch sich in einer anders programmierten kulturellen Umwelt wiederfindet? Kultur ist vergleichbar einer Zwiebel oder einem Eisberg. Nur ein kleiner Teil – bei der Zwiebel die äußere Hülle, beim Eisberg die Spitze oberhalb der Wasseroberfläche – ist sichtbar. Trompenaars spricht in dem Fall von den Artefakten und Produkten, wie wir uns kleiden, was und wie wir essen, welche Sprache wir sprechen, welche Feste wir feiern. Diese Bestandteile von Kultur sind unmittelbar klar und ersichtlich. Der viel größere Teil der Kultur aber befindet sich im Inneren der Zwiebel oder unter der Wasseroberfläche. Das sind die Werte und Normen, die Überzeugungen und Denkweisen. Man kann sie nicht sehen, sie prägen die Menschen aber und beeinflussen ihr Handeln. Der Fisch steht also vor dem Problem, dass er nur einen Bruchteil der neuen Kultur zu Gesicht bekommt. Das, was er sieht, mag ihm schnell verständlich sein, vielleicht gefällt es ihm auch, etwa das Essen. Alles Übrige aber – und das ist der Großteil, der die Gesellschaft prägt und steuert – bleibt dem Fisch verborgen. Überhaupt kann er seine eigene kulturelle Prägung nicht einfach abstreifen und er wird deshalb versuchen, die neue Kultur anhand der eigenen Programmierung zu interpretieren.

Was zwangsläufig misslingen muss.

1.1.4   Interkulturelles Missverständnis auf Amerikanisch

„It's different" – es ist einfach anders. Das ist die wohl kürzeste Beschreibung der kulturellen Kluft zwischen Amerikanern und Deutschen oder Europäern generell. Die USA „ticken" anders. Das sollte man wissen, wenn man dort leben möchte. Allzu oft wird Amerika als Außenposten Europas betrachtet, man geht einfach davon aus, dass es dort so ist wie „bei uns".

Doch ganz so *„easy"* wie es scheinen mag ist es nicht. Wer nach China, Indien oder Japan geht, dem ist klar, dass ihn dort eine andere Welt erwartet. Schon die äußere Schale der chinesischen oder japanischen Zwiebel sieht ganz anders aus als die deutsche: die unbekannte Sprache, das ungewohnte Essen, Rituale, von denen man vielleicht schon gehört hat, etwa das Verbeugen als Zeichen der Begrüßung, das man selbst aber nicht praktiziert. Die Verschiedenartigkeit hier ist offensichtlich, man ist gewissermaßen darauf vorbereitet.

Aber die Amerikaner? Die sind doch so anders nicht, könnte man meinen. Englisch versteht heutzutage fast jeder, hier wie dort trägt man Jeans und isst Pizza. In Amerika gibt es Weihnachten und Ostern, und was es dort sonst noch gibt – wie Halloween – haben wir in unseren Kulturkreis übernommen. Es scheint also jenseits des Atlantiks ziemlich ähnlich wie zu Hause zuzugehen. Amerikanische Filme und Serien runden das Bild ab, sie transportieren die Vorstellung von einer „typisch" amerikanischen Wohngegend, von Großstadtkulissen wie New York City und Naturwundern wie dem Grand Canyon.

Anfangs mögen die Vorstellungen, die wir ganz allgemein von „den Amerikanern" haben, mit der Realität in Einklang zu bringen sein. Erst mit der Zeit erhält das Bild Risse, entstehen erste Missverständnisse, wird der stereotype und anhand rein äußerlicher Merkmale gezeichnete Amerikaner von der Wirklichkeit überholt. Und das ist dann ein Schock, vielleicht auch eine Enttäuschung. Erst jetzt dämmert einem, dass man in einer anderen Kultur gelandet ist. Es wird plötzlich klar, wie „anders" doch selbst die Amerikaner sind. Es gibt vieles, was wir nicht verstehen, was wir komisch finden oder was uns gar nervt, weil wir es anders gewohnt sind. Und die Schwierigkeit, damit umzugehen, ist womöglich größer als in einem Land, von dem man gar nichts anderes erwartet hätte als dass es „anders" ist.

Was aber genau ist denn so „anders"?

Wer die Amerikaner heute verstehen will, muss ein Stück weit in ihre Vergangenheit blicken. Nur dort wird man Erklärungen für Verhaltensweisen finden, die von außen, also als Ausländer, betrachtet, unverständlich wirken. So ist es aus europäischer Sicht nicht nachvollziehbar, warum halb Amerika bewaffnet durch die Gegend läuft, ja selbst in Bars und Schulen Waffen nicht verboten werden. Trotz erschütternder Amokläufe in Kinos, Grundschulen, Universitäten. Doch über all den Zweifeln und dem kollektiven Trauern steht in den USA die Freiheit des Einzelnen. Und die beinhaltet eben auch, eine Waffe zu tragen – ein Recht, das in der Verfassung seit 1791 verankert ist.

Oder die (weniger gefährliche) Freiheit, den kompletten Einkauf in zehn Plastiktüten zu verpacken, auch wenn alle Welt von der Notwendigkeit des Umweltschutzes redet und Plastiktüten das Gegenteil davon sind. Oder das Recht, XXL-Softdrinks zu konsumieren, obwohl schon jetzt zwei Drittel der Erwachsenen übergewichtig sind; zuletzt misslang in New York City der Versuch, Getränke in Übergrößen in Restaurants, Imbissen und Stadien per Gesetz zu verbieten. Die Amerikaner empfinden solche Verbote als Angriff auf ihre persönliche Freiheit. Es ist ihre Entscheidung, wie sie es mit Waffen, Plastiktüten oder zuckrigen Getränken halten, nicht die des Staates.

Auch wenn Mütter eine halbe Stunde vor Schulschluss auf dem Parkplatz in ihren Autos sitzen und den Motor laufen lassen, damit im Sommer die Klimaanlage kühlt und im Winter die Heizung das Auto warm hält, hat das mit ihrer individuellen Freiheit zu tun. Dass davon im Winter Autodiebe Gebrauch machen, die mit den morgens vor den Häusern warmlaufenden Fahrzeugen davonbrausen, während die ahnungslosen Besitzer noch schnell von drinnen den (allgegenwärtigen) Coffee to go holen, wird als Kollateralschaden akzeptiert.

Eine Krankenversicherung für alle einzuführen, wird als sozialistischer Akt betrachtet, weil dies aus Sicht vieler eine unangemessene Einmischung des Staates in private Dinge darstellt. Jeder ist seines Glückes Schmied – in den USA ist das mehr als eine Redensart: Es ist die Grundlage gesellschaftlichen Handelns. Auch hierfür findet man die Wurzeln in der Vergangenheit. Als die ersten Siedler nach Amerika kamen, standen sie buchstäblich vor dem Nichts. Sie konnten nur auf sich und Gott vertrauen. Trotzdem (oder gerade deshalb) haben sie sich ihren Traum erfüllt, sich ein neues Leben, ja eine ganz neue Nation aufgebaut. Der Traum vom Tellerwäscher, der sich zum Millionär hocharbeitet – ohne Arbeitslosenhilfe, Elternzeit und Existenzgründerzuschuss – ist kollektiver Antrieb der Nation. Auch wenn die Realität für viele häufig anders aussieht: Der Optimismus, der Wille, es zu schaffen oder es zumindest zu versuchen, gegen alle Widrigkeiten, die das Leben bereithält, ist ungebrochen.

Wer es dann geschafft hat, wird sich vehement dagegen wehren, etwas von seinem Erfolg in Form von Steuern an den Staat abzugeben. Nicht, weil er nicht teilen will, sondern weil er erstens dem Staat als Instanz, die über die Verteilung der Gelder entscheidet, misstraut, und weil er zweitens selbst entscheiden möchte, was er wem gibt. Das wiederum erklärt, warum die Spendenbereitschaft in Amerika viel größer ist als etwa in Deutschland. Überall wird gesammelt und gespendet. Ohne das Geld der Allgemeinheit könnten viele Institutionen auch gar nicht existieren. Der Nachteil ist unbestritten, dass von den Gönnern abhängt, was und wer gefördert wird – und kein neutraler Staat etwa nach der Frage der Bedürftigkeit Gelder verteilt.

Der Amerikaner lächelt auch vieles weg, wie ökonomische Krisen und Naturkatastrophen. Man mag dies befremdlich finden als manchmal oberkritischer Deutscher. Aber auch dies ist Teil ihrer Geschichte, die unter widrigen Umständen mit den ersten Siedlern begann: nach vorne blicken, hart arbeiten, positiv denken. Diese Einstellung hat sich bis heute gehalten. Wer seinen Job verliert, geht nicht zum Arbeitsamt, sondern zieht dorthin, wo Jobs sind. Oder er nimmt eine weniger gut bezahlte Arbeit an. Oder er macht sich selbstständig. Wird schon irgendwie klappen. Und wenn das eine nicht funktioniert, dann vielleicht etwas anderes. Hier gibt niemand so schnell auf.

Und verliert vor allem nicht seine gute Laune. Als Hurrikan Sandy im Herbst 2012 über die Ostküste hereinbrach, ganze Häuser wegspülte, Hab und Gut vernichtete und Millionen Menschen wochenlang ohne Strom in ihren kalten, dunklen Häusern saßen, blieben die Menschen gelassen, machten keine Vorwürfe (auch wenn das durchaus berechtigt gewesen wäre, schließlich vernachlässigen Konzerne und Staat die Infrastruktur auf oftmals nicht mehr tolerierbare Weise). Groß ist die Hilfsbereitschaft in solchen Zeiten, man unterstützt sich gegenseitig, bekommt Anteilnahme und ein warmes Essen geliefert.

Mit Kritik tut sich der Amerikaner ohnehin schwer. Wenn, dann muss diese verbal freundlich verpackt daherkommen; niemals würde er seinem Gegenüber in bösen Tönen Kritik oder gar Gemeinheiten an den Kopf werfen. Die Beherrschung des *„Sugar Coating"* ist eine Kunst: für den, der sie nutzt, um seine Kritik in einen neutralen oder gar positiven Satz zu verpacken, und für den Empfänger der Nachricht, der die dahinter stehende Aussage entschlüsseln muss. Wenn die „*landlords*", die Hausbesitzer, auf Stippvisite vorbeikommen und anmerken „*Oh – looks like you are not a huge fan of the air conditioning*" wollen sie EIGENTLICH sagen: „Sie sollten in den heißen Sommerwochen öfter die Klimaanlage anschalten, damit die Feuchtigkeit aus dem Haus kommt." Das Gute am *Sugar Coating*: Die (Gesprächs-)Atmosphäre ist in aller Regel angenehm. Auch regt sich der Amerikaner deutlich weniger auf. Etwa über Dinge, die er sowieso nicht ändern kann. Zum Beispiel, wenn er am Flughafen seinen Mietwagen abholen möchte. Die Warteschlange geht bis nach draußen und dort noch einmal halb um das Gebäude herum. Alle stehen geduldig, unterhalten sich – bis auf ein älteres deutsches Ehepaar. „Dann müssen sie halt mehr Personal einstellen", schimpfen sie. Langsam schiebt sich die Menge voran und der Ärger der deutschen Urlauber steigt. Nicht so bei der Mehrheit der Wartenden, sie sind Amerikaner. Sie lassen sich weder die Laune verderben, noch ergehen sie sich in Beschuldigungen und Verbesserungsvorschlägen für den Autoverleiher. Ironisch merken sie an: „*It is faster to buy a new car than to rent it.*" Es ist einfacher ein Auto zu kaufen als zu leihen.

Die mangelnde Lust an Kritik und das Bedürfnis nach Harmonie führen auf der anderen Seite dazu, dass vieles nicht hinterfragt wird. Regeln werden einfach hingenommen. „*It's the law*", heißt es lakonisch zur Begründung – so ist das Gesetz. Und von diesen (ungeschriebenen) Regeln gibt es oft mehr als im vermeintlich überreglementierten Deutschland. Kinder dürfen im Freibad die Rutsche nicht zu zweit benutzen und Schwimmflügel sind im großen Becken nicht erlaubt. Auch rennen sollten Kinder nicht zu viel: „*Don't run!*" Sie könnten hinfallen, ausrutschen. Achtjährige Kinder sollten nicht allein zur Schule laufen, tun sie es trotzdem, kennt sie bald die ganze Nachbarschaft. Weil sie die einzigen sind. In die Umkleidekabinen dürfen Mütter ihre Töchter mitnehmen, aber nicht ihre Söhne, die müssen zu den Männern. Wenn kein Vater zur Stelle ist, wird das schwierig. Alkohol wird sonntags vielfach erst ab 12 Uhr verkauft und auch an den Strand darf man mancherorts erst ab mittags – vorher ist Kirchgangzeit. Alkoholische Getränke transportiert man in braunen Papiertüten über die Straße; ein Gläschen Wein im Vorgarten zu trinken, ist zwar möglich, aber nur im blickdichten Plastikbecher!

Manchmal ist der Amerikaner auch über die Maßen optimistisch. Man könnte sagen: Er übertreibt. Was er eigentlich überhaupt immer tut. Die neue Frisur ist *„wonderful"*, das Kleid *„awesome"*, das Essen *„delicious"*. Man kann gar nicht zu viel lobpreisen und anerkennen, auch wenn das in manchen Fällen maßlos übertrieben ist. So machen selbst Kinder, die fünf Meter am Tor vorbeigeschossen haben, noch einen *„good job"*. Dieser Satz *„Good Job!"* dürfte im Übrigen einer der ersten sein, die einem im amerikanischen Alltag begegnen. Eigentlich macht hier jeder einen guten Job.

Diese ständige positive Bestätigung mag einer der Gründe dafür sein, dass die Amerikaner die Selbstdarstellung wie kaum ein anderes Volk beherrschen. Dieses Gefühl des „Ich kann das" und „Ich will das" wird schon den Dreijährigen im Kindergarten eingepflanzt. *„Show and tell"* nennt sich das. Die Kinder dürfen ihr Lieblingsspielzeug mitbringen und es den anderen Kindern vorführen. Hier wird gleich mehreres eingeübt: Das Hinstellen vor eine Gruppe, das Präsentieren und die Botschaft: „Ich habe etwas ganz Tolles". Später in der Schule gibt es dann den *„Student of the week"* (der Vorläufer vom „Mitarbeiter des Monats"), bei dem jedes Kind eine Woche lang im Mittelpunkt stehen darf, und an ihrem Geburtstag marschieren die Kinder den ganzen Tag mit einer Krone auf dem Kopf umher. Kleine Könige auf dem Weg in eine sonnige Zukunft. Und wenn wirklich mal gründlich was daneben gegangen ist – Schwamm drüber, einfach weitermachen. Der Amerikaner blickt grundsätzlich nach vorne, in die Zukunft, nur selten zurück.

Vielleicht liegt diese grundsätzlich positive Lebenseinstellung auch an der Gottgläubigkeit der Amerikaner. Die USA sind eines der wenigen wohlhabenden und extrem gläubigen Länder auf der Welt. Normalerweise sinkt der Glaube an Gott mit der Zunahme des Wohlstandes. In Ländern wie Deutschland, der Schweiz oder Kanada bekennen sich weniger als die Hälfte der Menschen zum Glauben, in den USA sind es mehr als zwei Drittel.

Übertroffen wird der Glaube an Gott nur noch von dem an die Medizin. Zwar will auch der Amerikaner nicht bestreiten, dass der Tod eines Tages sein unweigerliches Ende bedeutet, aber bis dahin möchte er möglichst unbehelligt von Krankheit und Leid leben. Und so wird jeder Kopfschmerz, jede Grippe, jede Übelkeit – um nur einmal weniger lebensbedrohliche Erkrankungen zu nennen – mit den Errungenschaften der Medizin bekämpft. Warum Schmerzen ertragen, wenn es Lösungen gibt? Also Pille einwerfen. Auch die modernen Geißeln der Menschheit wie Aids und Krebs will der Amerikaner bekämpfen, und er glaubt fest daran, dass dies gelingen wird (auch wenn in den vergangenen Jahren die ganz großen Fortschritte auf eben diesen Gebieten ausgeblieben sind). Nur so ist zu erklären, dass Jahr für Jahr Billionen in die Forschung investiert und den Wissenschaftlern kaum (ethische) Grenzen gesetzt werden.

Im Übrigen besteht eines der größten Missverständnisse, bevor die Kommunikation überhaupt begonnen hat, in dem Irrglauben, die andere Kultur zu kennen. Was wir zu kennen meinen, sind vielfach Vorurteile und Stereotype, im Falle der USA etwa die vermeintliche Oberflächlichkeit, die sich im *„How are you?"* zu manifestieren scheint. Der Amerikaner erwartet auf diese Frage keine langatmige Antwort. Genau genommen ist das auch keine Frage, sondern ein Ausdruck von allgemeiner Freundlichkeit und dem Bedürfnis nach Harmonie – keinesfalls aber von Oberflächlichkeit. Davon abgesehen gibt es die eine Kultur nicht. Auch innerhalb eines Landes existieren kulturelle Unterschiede. Die Westküste der USA gilt als aufgeschlossen und liberal – „*laid back*", sagen die Amerikaner, entspannt. An der Ostküste dagegen geht es eher hektisch zu, zumal in einer Großstadt wie New York City. New Mexico, Kalifornien und Texas sind geprägt durch ihre hispanischen Einwanderer, in Utah dominieren die Mormonen (zumindest zahlenmäßig), während die konservativen Evangelikalen im Bible Belt, dem Bibelgürtel, im Südosten der USA zu Hause sind. Das eine Amerika wird man also nicht finden, „*it's a diverse country*", ein Land, das von der Verschiedenartigkeit lebt und das eben solche Möglichkeiten bietet.

1.1.5   Sich vom Kulturschock nicht schocken lassen

Wer sich in eine fremde Kultur hineinbegibt, wird nicht umhinkommen, sich mit dieser auseinanderzusetzen. Und das ist nicht immer einfach, im Gegenteil: Jede noch so gute Vorbereitung wird jeden noch so weltoffenen Menschen nicht vor dem Kulturschock („*culture shock*") bewahren können. Das Phänomen ist wissenschaftlich erforscht und wurde erstmals vom US-amerikanischen Anthropologen Kalervo Oberg 1960 benannt. Er beschrieb das Einleben in der fremden Kultur in vier Phasen: Die Reise beginnt im „*Honeymoon*"; aufgeregt und neugierig erkundet man die insgesamt als positiv empfundene Umgebung. Doch plötzlich der Schock: Man erkennt, wie fremd die Fremde doch ist, wie wenig das eigene Orientierungssystem funktioniert („*Crisis Phase*"). Man fühlt sich unverstanden, hilflos, allein. Bei Oberg heißt es hierzu: „*If you overcome it, you stay; if not, you leave before you reach the stage of a nervous breakdown.*" – Wer den Schock überwindet, bleibt, wer nicht, der geht. Doch eigentlich besteht keine Notwendigkeit, die Flucht zu ergreifen. Denn der Kulturschock ist nicht von Dauer. Auf ihn folgt im Oberg-Modell und auch in der Realität die „*Recovery Phase*" (Erholungsphase): Die Schwierigkeiten im Umgang mit der fremden Kultur bestehen zwar weiter, aber man hat inzwischen erkannt und akzeptiert, dass die anderen eben anders sind und man sich damit auseinandersetzen muss, um Fehlinterpretationen künftig zu vermeiden. Die vierte Phase („*Adjustment Phase*") ist die der Anpassung. Man navigiert relativ selbstsicher durch das fremde Fahrwasser, hat sich an Einschränkungen gewöhnt oder sein eigenes Verhalten entsprechend angepasst; manches mag man auch so überzeugend finden, dass man es in den eigenen Fundus an Handeln und Denken aufnimmt.

Obergs Modell ist auch als U-Modell bekannt: Auf den *Honeymoon* folgt der Fall des Kulturschocks, von dem man sich aber alsbald wieder erholt und es aufwärts geht. Mit Blick auf die Heimkehr lässt sich das U zu einem W erweitern, bei dem davon ausgegangen wird, dass die Rückkehr in die Heimat einen umgekehrten Kulturschock, „*Re-Entry Shock*" oder „*Reverse Culture Shock*", mit sich bringen kann (dazu mehr in Kapitel 4).

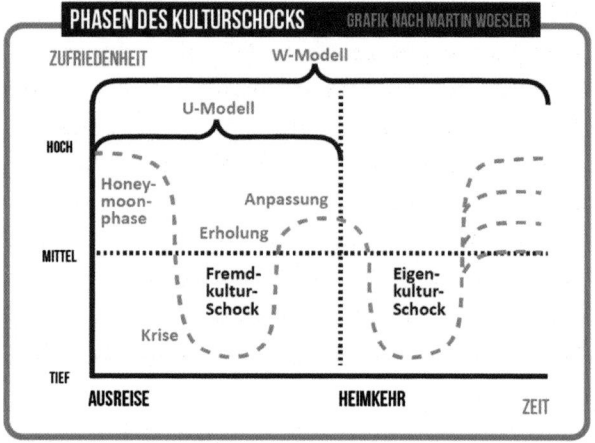

Was unmöglich sein wird, ist, die andere Kultur in kürzester Zeit zu erfassen; der Kulturforscher Stephan Dahl geht davon aus, dass es ein Jahr dauert, ehe man die äußere Schicht der sichtbaren Rituale erfasst und beherrscht. Bis man zu den darunter liegenden Schichten der Kultur durchdringt, den Institutionen, Normen,

Grundwerten, dauert es weitaus länger. Manche Menschen, so schreibt Dahl, werden sich auch nach Jahren in einer anderen Kultur nicht „akkulturalisiert" haben.

Das muss auch gar nicht das Ziel sein. Es genügt schon, sich zu vergegenwärtigen, dass der Fisch zwar das Wasser zum Leben braucht, die Vögel an Land aber deshalb nicht gleich komisch sind, weil sie durch die Luft fliegen.

1.2 Vorüberlegungen: Vom Jobverlust über reisende Männer bis hin zu Kindern, die mitgenommen werden müssen

Ist der erste Teil einer Delegation erledigt, nämlich die Entscheidung gefällt, das Angebot tatsächlich anzunehmen, beginnt die eigentliche Arbeit. Der Umzug muss geplant, Versicherungen müssen gekündigt, Auto sowie Hab und Gut, das nicht mit soll, verkauft, Sprachkurse für die Kinder organisiert werden und vieles mehr. Wer von einem großen Unternehmen entsandt wird, erhält eine Reihe an Unterstützungsmaßnahmen sowie einen Ordner mit allen wichtigen zu erledigenden Punkten in die Hand gedrückt. So bewahrt man den Überblick. Auch dieses Buch enthält eine solche Checkliste, eine für die Ausreise in die USA, die andere für die Rückkehr.

Es gibt aber auch Fragen, die weniger die Bürokratie als die Gefühlslage betreffen. Es sind Themen, mit denen sich wahrscheinlich alle Expats irgendwann befassen, und manchmal kann es hilfreich sein zu hören, wie andere in einer ähnlichen Situation damit umgegangen sind.

Gibt es einen richtigen Moment für diesen Schritt?

Theoretisch konnte man sich schon immer vorstellen, ein paar Jahre im Ausland zu leben. Praktisch sieht die Sache schon anders aus. Und vor allem: Wenn es so weit ist, passt das so gar nicht ins Konzept. Das erste oder dritte Kind ist gerade auf die Welt gekommen, man ist aus der Elternzeit in den Job zurückgekehrt, hat ein Haus gekauft, gebaut, renoviert oder ein Kind ist soeben eingeschult worden, oder, oder, oder. Also, gerne mal ins Ausland, aber bitte nicht gerade jetzt.

Was tun?

Vieles lässt sich planen, alles aber nicht. Wochenpläne, Jahrespläne – man hat sein Leben gerne geordnet. Für Unvorhergesehenes ist nur wenig Platz. Eingestehen würde man sich das wahrscheinlich nicht. Man ist ja flexibel. Oder nicht? Was ist, wenn dieses Bekenntnis zur Flexibilität eines Tages eingefordert wird? Es wird ganz sicher viele Gründe geben, objektive und gute, die dagegen sprechen, jetzt und ganz plötzlich ins Ausland zu ziehen.

Die Frage ist nur: Lässt man es dann lieber oder geht man trotzdem? Gibt es das überhaupt – den perfekten Zeitpunkt? Vermutlich nicht. Irgendetwas wird sich immer finden, was dagegen spricht. Vermeintlich dagegen spricht. Denn tatsächlich ist es doch eher so, dass man sich nur ungerne aus der *„comfort zone"*, der Bequemlichkeitszone, herausbegibt. Da hatte man es sich so schön eingerichtet, mit den Routinen und täglichen Abläufen. Diese Zone des Bekannten und Gewohnten zu verlassen – das ist wissenschaftlich erwiesen – weckt Ängste, verunsichert. Gleichzeitig setzt es aber auch Energien frei, schafft neue Freiräume fürs Denken und Handeln. Also – raus aus dem Alltagstrott, hinein ins Abenteuer.

Es kann aber auch sein, dass man im Angesicht des konkreten Angebots erkennt: „Eigentlich wollte ich nie weg." Was in Ordnung ist. Nicht jeder ist dafür gemacht; ein Expat-Leben erfordert ein gewisses Maß an Abenteuerlust, Mut, Neugierde. Wer das nicht verspürt, wird sich nur schwerlich für ein paar Jahre in einem fremden Land begeistern können. Nicht jetzt und nicht später. Und das sollte man dann auch so kommunizieren. Das Unternehmen wird es einem danken. Entsandte mit unglücklichen Familien sind für

Firmen eine Fehlinvestition. Dann lieber ein ehrliches (und recht-
zeitiges) Nein.

Eine andere Option ist, dass die Familie später nachkommt, etwa
dann, wenn das Schuljahr zu Ende ist. Es ist nicht unüblich, diesen
Weg zu wählen; Faktoren wie die Länge der Delegation, das Alter
der Kinder, die Berufstätigkeit des Partners werden dabei eine Rolle spielen.

Katharina

*Wir wussten, dass der Zeitpunkt, ins Ausland zu ziehen, nicht op-
timal war. Unsere älteste Tochter ging bereits seit zwei Jahren aufs
Gymnasium, die wollte natürlich nicht weg. Sie dort herauszureißen,
war ein Risiko. Eines, das wir eingegangen sind, weil wir, mein Mann
und ich, gerne ein paar Jahre im Ausland leben wollten. Und weil
wir dachten und hofften, dass das auch eine Bereicherung für unsere
Kinder ist. Insofern gibt es auch keinen guten oder schlechten Zeitpunkt, man muss eher davon überzeugt sein, dass für einen selbst der
Zeitpunkt der richtige ist. Zehn Jahre zuvor waren wir schon einmal
im Ausland, in Mexiko. Da hatten wir aber nur ein Kind, und das
war ein halbes Jahr alt. Das ist natürlich einfacher. Damals hatten
wir auch noch kein Haus und unsere zweitälteste Tochter, die mehrfach schwerbehindert ist, war noch nicht geboren. Trotzdem haben
wir zugesagt. Wir haben unser Haus untervermietet und die Mieter
haben es gut behandelt. Unsere jüngste Tochter war gerade sechs Jahre
alt, sie ist also einfach in den USA eingeschult worden, und für unsere
zweitälteste Tochter haben wir eine hervorragende Betreuung in einer
Behinderteneinrichtung gefunden und dort Methoden der Behandlung und Betreuung kennengelernt, die wir aus Deutschland so nicht
kannten. Unsere älteste Tochter? Die hatte schon ziemliche Schwierigkeiten, in den USA anzukommen, so dass wir uns zwischendurch
immer wieder gefragt haben, ob das wirklich die richtige Entscheidung
war. Inzwischen sind wir in Deutschland zurück, in unserem alten
Haus und unsere Tochter geht wieder auf das alte Gymnasium. Über*

ihre Zeit in den USA redet sie nur in den höchsten Tönen. Sie ist zwar froh, zurück zu sein, aber auch stolz, die Jahre im Ausland gemeistert zu haben.

(Wie) komme ich mit einer anderen Mentalität klar?

Man ist schon immer gerne verreist, hat andere Länder kennengelernt, ist ein offener Mensch, interessiert sich für fremde Sitten und Gebräuche? Das ist ja schon mal was. Aber nicht alles.

Was tun?

Reisen bildet, sagt ein Sprichwort. Tatsächlich wird man in der Kürze der Zeit aber nur an der Oberfläche der fremden Kultur kratzen können (siehe die Zwiebel und den Eisberg). Ehe es anstrengend wird und man sich womöglich zu wundern beginnt, ist der Urlaub längst vorbei. Als Expat indes wird man sich auf die andere Kultur einlassen und die tiefer liegenden Schichten verstehen lernen müssen. Ansonsten besteht die Gefahr, dass man sich in der „neuen" Heimat immer fremd fühlt.

Damit dies gelingt, sollte man Deutschland hinter sich lassen. Geografisch hat man das, mental aber vielleicht noch nicht oder nur halbherzig. Man lebt jetzt in einem anderen Land und in dem gelten halt andere Regeln. Im Supermarkt, im Schwimmbad, auf dem Fußballplatz, im Fitnessstudio, in der Schule, im Straßenverkehr, am Arbeitsplatz. Vergleiche, was wo besser ist, führen zu nichts. Außer zu schlechter Laune. Aus der Distanz erscheint die Heimat sowieso in einem anderen, nämlich helleren Licht. Plötzlich wird man manches, was einem vorher zu Hause nicht gefiel, als gar nicht mehr so störend empfinden. Das ist zwar auf der einen Seite gut, so sieht man mal, wie relativ vieles ist. Auf der anderen Seite macht es das Einleben in der neuen Heimat nicht gerade einfach.

Es ist eben anders. Man muss nicht alles gutheißen und nachahmen, man sollte es aber zur Kenntnis nehmen, ohne Bewertung.

Andere Länder, andere Sitten, heißt es. Ganz bestimmt wird man zu neuen Erkenntnissen gelangen, die das eigene Leben entweder bereichern oder die so manche Ansicht, die man bislang für gegeben oder richtig gehalten hat, relativieren wird. Vieles ist einfach Ansichtssache: „Tatsachen gibt es nicht, nur Interpretationen", sagt Friedrich Nietzsche.

Marie

Ich habe durch mein Schuljahr an einer High School in Michigan sowie mein anhaltendes Expat-Dasein seit 2007 die amerikanische Kultur schon von vielen Winkeln aus betrachten können. Das Leben in einer anderen Kultur ist und bleibt für mich nach wie vor spannend, egal, wie lange ich schon hier lebe. Eine Aussage über die Amerikaner, die ich von anderen Deutschen immer wieder zu hören bekomme, ist: „Die sind doch alle recht oberflächlich." Und jedes Mal muss ich innerlich schmunzeln, da ich einerseits nachvollziehen kann, woher dieses Gefühl kommt, dass die Amerikaner oberflächlich seien, und andererseits verstehe, dass es ein Teil der Umgangsform miteinander und somit ein Bestandteil der amerikanischen Kultur ist, den Mitmenschen offen, höflich und gesprächsinteressiert zu begegnen. Diese Offenheit, Höflichkeit und das Interesse am gegenseitigen Austausch zeigt ein allgemeines Grundbedürfnis nach Harmonie. Wir Deutschen, Verfechter der Direktheit und Korrektheit, missverstehen Höflichkeitsfloskeln und freundliches Geplänkel oft als eine Art „Freundschaftseinladung", die aber nie so gemeint war. Wenn man diesen Freundlichkeitsaspekt der amerikanischen Kultur erst einmal verstanden hat, fällt es einem viel leichter, Aussagen zu interpretieren und aus scheinbar überschwänglichen Begeisterungsrufen auch kleine Nuancen von Negativem herauszuhören. Und zu verstehen, dass „How are you?" eine Redewendung ist, und kein geheucheltes „Wie geht es Ihnen denn?" Natürlich gibt es auch Züge der amerikanischen Kultur, mit denen ich nicht so gut klar komme, zum Beispiel das Autofahr- und verschwenderische Konsumverhalten; dies sind Dinge, wo ich mich schlichtweg weigere,

*mich anzupassen. Berge von Plastiktüten im Supermarkt, Autofahr-
ten, um sich nur 2 Kilometer fortzubewegen. Exzessiver Klimaanla-
gengebrauch, dass man im Bus im Hochsommer bei 35 Grad Celsius
Außentemperatur einen Pullover anziehen und diesen dann den Rest
des Tages mit sich herumtragen muss. Wie gehe ich damit um? Immer
schön lächeln und dann zu Hause mit meinem deutschen Mann zusammen ordentlich schimpfen.*

Muss ich meinen Arbeitsplatz aufgeben?

Der eigene Jobverlust ist das wohl sensibelste Thema einer Delegation. Mit Arbeit verdient man nicht nur Geld, sondern auch
Anerkennung, Selbstwertgefühl, sozialen Status. Man definiert
sich über den Beruf, auch in Beziehung zu anderen, in dem Fall
zum Partner. Fällt der Job plötzlich weg, gerät dieses Selbst- und
Rollenbild ins Wanken. Plötzlich ist man nicht mehr die eigen-
ständige Frau, die morgens geduscht und frisiert zur Arbeit geht,
sondern man geht nirgendwo mehr hin. Man könnte den ganzen
Tag getrost in Jogginghose zu Hause verbringen, es interessiert niemanden. Auch nicht den Mann, denn der geht ja weiter aus dem
Haus, und das ist die zweite emotionale Komponente des Jobver-
lusts: Man sieht sich mit dem Partner womöglich nicht mehr auf
Augenhöhe. Der strebt auf der Karriereleiter nach oben, während
man selbst allenfalls eine Küchen-Karriere beginnen könnte.

Was tun?

Gerade besonders genervt vom Job, vom Stress der Vereinbar-
keit von Familie und Beruf? Vielleicht kommt da eine Auszeit
zum richtigen Zeitpunkt. Auch wenn die nicht selbst gewählt ist,
spricht unter diesen Voraussetzungen nichts dagegen, das (wenn
auch unverhoffte) Angebot anzunehmen.

Das Ganze muss natürlich verhandelt werden, aber vielleicht gibt
es ja die Möglichkeit einer mehrjährigen unbezahlten Auszeit.
Vielleicht existiert ja noch ein Rest Elternzeit, der einen Teil des

Auslandsaufenthaltes überbrücken kann. Aber emotional dürfte man für diese geschenkte Auszeit bereit sein; zumal der Abschied nur vorübergehend ist. Man kommt ja zurück, gibt nur mittelfristig das Rollenbild auf – und macht sich auf die Suche nach neuen Perspektiven.

Doch was ist, wenn man eigentlich gar keine Auszeit wollte? Wenn man gerne zur Arbeit geht oder sie gar als Ausgleich für all die anderen Rollen, die man spielt – Mutter, Hausfrau, Ehefrau – braucht? Je nach Beruf und Glück gibt es vielleicht die Möglichkeit, im Ausland etwas zu tun. Vielleicht bietet einem die eigene Firma an, auf Projektbasis weiterzuarbeiten. Eine Art Homeoffice auf Distanz? Vielleicht kann man sich fortbilden, Zusatzzertifikate erwerben oder ein Fernstudium beginnen? Oder man schreibt eine Doktorarbeit – vieles ist denkbar.

Und genau das macht den Reiz aus. Man wollte und brauchte all das nicht, aber unter Umständen eröffnen sich auf diese Weise neue Wege und Blickwinkel, die das spätere (Arbeits-)Leben bereichern werden. Nicht unmöglich, aber in jedem Fall aufwendiger ist es, sich einen neuen Job im Ausland zu suchen (siehe dazu Kapitel 3).

Wer im selben Unternehmen wie der Entsandte beschäftigt ist, kann vielleicht im Ausland dort weiterarbeiten. Unter Umständen kann das im Rahmen der Delegation auch verhandelt werden. Allerdings sollte man nicht enttäuscht sein, wenn es sich dabei nicht um den Traumjob handelt. Die Unternehmen lassen sich auf einen solchen Deal womöglich ein – die Stelle, die geschaffen wird, dürfte aber eher ein Notbehelf sein!

Andrea

Ich hatte einen ziemlich guten Job in Deutschland, war gerade dabei, Karriere zu machen – da erhielt mein Mann das Angebot, in die USA zu gehen. Ok, habe ich gesagt, machen wir, gehe ich also etwas länger in Elternzeit, und dann sehen wir weiter. Tatsächlich hat mich mein Chef nach ein paar Monaten angerufen und gefragt, ob ich mir vorstellen könnte, ein Projekt zu betreuen. Sozusagen aus dem Homeoffice in der Ferne. Ich habe gesagt, ich probiere es, und es hat funktioniert. Aus dem einen Projekt ist ein zweites geworden, letztlich habe ich fast Vollzeit gearbeitet. Dass ich gar nicht vor Ort bin, hat niemanden gestört und die Arbeit auch nicht beeinträchtigt. Ich bin ein oder zwei Mal im Jahr nach Deutschland geflogen, habe mich mit meinem Chef und Kollegen getroffen. Präsenz zwischendurch zu zeigen, ist schon wichtig. Inzwischen sind wir in Deutschland zurück, und rückblickend würde ich sagen, dass das Ganze eine super Kombination aus anspruchsvollem Job, Zeit für Kinder und Zeit fürs Sozialleben im Ausland war.

Wie komme ich mit der finanziellen Abhängigkeit von meinem Partner zurecht?

Als Frau des 21. Jahrhunderts ist man selbstverständlich selbstbewusst, hat einen Beruf, verdient sein eigenes Geld. Vielleicht nicht so viel wie der Partner, weil man gerade nur Teilzeit arbeitet. Wegen der Kinder. Aber theoretisch und irgendwann ganz sicher auch praktisch kehrt man (voll) in den Job zurück. Doch statt auf diese Perspektive hinzuarbeiten, entfernt man sich davon, geht jetzt erst einmal ins Ausland, ohne Job, ohne selbstverdientes Geld – und ohne Selbstbewusstsein. An die Stelle schleicht sich nämlich eine ganz andere Erkenntnis ein: dass man vom Partner abhängig ist.

Das war man, realistisch betrachtet, womöglich vorher auch schon, weil er mit seinem (vollen) Gehalt für den Lebensunterhalt der Familie gesorgt hat. Aber im Ausland verschiebt sich das Ungleichgewicht noch weiter. Wenn dann noch der Mann mit dem

Businesskoffer aus dem Haus marschiert – „bin in ein paar Tagen zurück" – scheint endgültig klar: Hier ist etwas schiefgelaufen.

Was tun?

Machen wir uns nichts vor: Die Männer stehen (beruflich) im Mittelpunkt der Auslandsmission, nicht man selbst! Die Rolle, die den Frauen dabei scheinbar automatisch zufällt, ist die der Hausfrau und Mutter.

Aber ist das wirklich so dramatisch? Viele Frauen wählen diese Rolle freiwillig, zum Glück. Für ihr nicht berufstätig sein werden sie jedoch oft genauso schief angesehen wie andere Mütter für ihre Berufstätigkeit. Vielleicht auch von einem selbst. Insgeheim. Also: Es wird Zeit, mit Vorurteilen gegenüber den „Nur-Hausfrauen" aufzuräumen und dieser Rolle die Wertschätzung entgegenzubringen, die sie verdient. Die Gelegenheit wird womöglich nie wiederkommen, die Rolle der *„stay-at-home mom", die englische Entsprechung der Vollzeitmutter,* ist eine auf Zeit und bringt viele Vorteile mit sich. Zum Beispiel den Vorteil, dass sie viel Raum zur freien Gestaltung lässt. Man muss sich nur auf die Suche begeben, um die gewonnene Zeit mit Inhalten zu füllen!

Sonja

Auf einmal war der Gedanke da: „Ich sitze hier fest." Das hat mir fast Angst gemacht. Klar, New York, das ist schon toll. Aber ich konnte auch nicht mehr weg. Nicht ohne meinen Mann. Von dem war ich auf einmal abhängig, das hatte ich vorher nicht so empfunden. Er verdient allein das Geld, und er, seine Firma, seine Karriere entscheiden über den Zeitpunkt unserer Rückkehr. Das hat mich ziemlich beunruhigt. Dieses Gefühl der Einengung und des Abhängigseins kannte ich vorher nicht. Und es hat mich auch ziemlich lange begleitet. Erst mit der Zeit hat sich die Panik gelegt. Wahrscheinlich weil ich mich auf neue Perspektiven eingelassen habe. Eine Weiterbildung vor Ort und das erfolgreiche Engagement in berufsnaher Projektarbeit haben eine gewisse Sicherheit gebracht: Es wird sich beruflich immer eine Möglichkeit auftun.

Wie kommen die Kinder mit?

Die Kinder kommen mit. Außer die vielleicht, die kurz vor dem Abitur stehen oder schon begonnen haben zu studieren. Da macht es wenig Sinn, sie aus ihrem Leben herauszureißen. Alle anderen aber werden eingepackt – was nicht immer auf Zustimmung stoßen wird.

Was tun?

Kleine Kinder, kleine Sorgen, große Kinder, große Sorgen – das dürfte bei einem Umzug ins Ausland in besonderer Weise zutreffen. Primäres Bezugsfeld für jüngere Kinder sind die Eltern, und mit ihnen geht das wichtigste Stück Heimat mit ins fremde Land. Sie werden sich sehr wahrscheinlich schnell und problemlos an die neue Umgebung gewöhnen, bald Freunde finden und anfangen, die Eltern in der englischen Aussprache zu verbessern: „Mama, du hast gerade gesagt, sie sollen das Essen – food – messen, dabei sollten sie doch meinen Fuß – foot – messen."

Ältere Kinder werden sich womöglich schwerer tun, sie werden ihre Schule, Freunde, Hobbys vermissen. Kinder sind kleine Spießer, sie lieben Stabilität, Rituale und ein gewohntes Umfeld. Der Kulturschock wird auch sie treffen, und da ist man am besten vorbereitet. Daneben wird es von der Persönlichkeit des Kindes abhängen, wie schwer ihm die Umstellung fällt. Und davon, welches Vorbild die Eltern abgeben. Wer die Zweifel der Kinder bestärkt, sich über die vermeintlichen Widrigkeiten des neuen Alltags aufregt, darf sich nicht wundern, dass die Kinder behaupten, „zu Hause" sei es doch viel schöner gewesen. Vor allem in den ersten Monaten ist positive Bestärkung – auch in Form von materiellen Gütern – gefragt. Vielleicht wollten die Kinder schon immer ein Trampolin für den Garten haben – warum es dann nicht jetzt kaufen? Vielleicht wird das Fahrrad langsam zu klein – warum mit einem neuen bis zum nächsten Sommer warten? Zugegeben, das ist Bestechung, aber wenn es den Wohlfühlfaktor erhöht, warum nicht?

Unbestritten ist, dass ein solcher Auslandsaufenthalt seine Spuren hinterlassen wird. Kinder, die viele Jahre, wenn nicht ihre gesamte Kindheit und/oder Jugend in einer anderen Kultur als der ihrer Eltern verbracht haben, werden auch „*Third Culture Kids*" genannt, Drittkulturkinder. Den Begriff haben die Soziologen Ruth Hill Useem und John Useem in den 1950er Jahren geprägt. Dritt-Kultur-Kinder sind solche, „*who thus become exposed not only to the culture (or sometimes cultures) of their family and passport country, but also to a new culture, a second culture. Through the combination of these two cultures, the child, along with the expatriate community, forms its own parallel culture and thus becomes a Third Culture Kid (TCK).*" So definiert es Antonia Baumgartner in ihrer Masterarbeit an der Universität Wien (2011). Ein *Third Culture Kid* bildet aus der Kultur seiner Eltern und der am Entsendungsort eine dritte Kultur, die eine Mischung darstellt aus beiden Kulturen und der Kultur der Expat-Gemeinschaft.

Wie es solchen Kindern damit geht? Wie Umfragen und Studien nahe legen, können diesen Kindern später, wenn sie erwachsen sind, die Wurzeln und das Gefühl für Heimat fehlen. Immer wieder mussten sie sich oder andere verabschieden. Gleichzeitig haben aber gerade diese als womöglich negativ empfundenen Aspekte in der globalen Welt von heute Vorteile: *Third Culture Kids* gelten als hoch mobil und offen, sie haben Freunde in aller Welt und gelernt, sich in fremden Kulturen zurechtzufinden.

Wer lediglich ein paar Jahre im Ausland lebt, wird nicht gleich zum *Third Culture Kid* und später ein Erwachsener mit Identitätskrise. Im Gegenteil: Laut einer Umfrage des Instituts für Interkulturelles Management unter deutschen Expats fällt Kindern der Abschied vom Gewohnten zwar nicht leicht und die Integration ins neue Lebensumfeld verläuft nicht ohne Krisen. Die Integrationsschwierigkeiten werden jedoch recht schnell überwunden, die Gewinne aus früher interkultureller Erfahrung halten hingegen lange an.

Und so werden sich denn auch die allermeisten Kinder nach der Rückkehr in ihrem Heimatland wieder einfinden – fast so, als wären sie nie fort gewesen. Sie werden ihren Freunden von der tollen Zeit in den USA vorschwärmen – was man vermutlich etwas erstaunt zur Kenntnis nehmen wird, erinnert man sich noch genau an die vielen Tränen und das große Heimweh. Doch das scheint vergessen, im Gedächtnis bleiben allein die positiven Erlebnisse, die perfekt erlernte zweite Sprache, Freundschaften, an die die Kinder vielleicht in Zukunft wieder anknüpfen können, und das Wissen, sich in der Fremde behauptet zu haben.

Christine

Wie wir die Kinder mitgenommen haben? Na, im Flugzeug! Das fiel mir spontan zu der Frage ein, auch den Kindern und meinem Mann. Die Kinder kommen einfach mit, sie haben keine große Wahl. Dass wir fliegen würden, war aber tatsächlich ein Teil ihrer Vorfreude auf den Umzug in die USA! Wir haben in der Zeit vor der Abreise versucht, die Neugier und Vorfreude zu stärken, statt zu viele Bedenken mit uns herumzutragen. Kinder in diesem Alter (fast 4, fast 6 und 8 Jahre alt) haben die besondere Gabe, dass sie vor allem im Hier und Jetzt leben. Sie stellen Fragen, aber machen sich über das Für und Wider oder wie etwas sein wird nicht so langfristig Gedanken wie wir als Eltern. Sie gehen mit, denn Heimat ist, wo die Eltern sind. Mein Mann, der bereits ein paar Monate vor uns übergesiedelt war, hat regelmäßig Fotos geschickt, und wenn er zwischendurch zurückkam, brachte er kleine Geschenke mit, zum Beispiel Glitzerpferde für die Mädchen. Da war Amerika natürlich sofort toll! Natürlich haben wir damit gerechnet, dass die Kinder eine gewisse Zeit brauchen würden, um sich in Schule und Kindergarten zurechtzufinden, zumal sie ja auch kein Englisch konnten (bis auf wenige Vokabeln aus dem der Ausreise vorangegangenen Englischunterricht). Diese erste Zeit kann durchaus mit vielen Tränen und unguten Gefühlen verbunden sein. Aber wir waren immer zuversichtlich, dass die Kinder es schaffen würden – und so war es auch. Am meisten gefordert war sicher mein Sohn, der in den USA in die dritte Klasse kam. Aber seine Integration hat wunderbar funktioniert! Er hat durch den täglichen ESL-Unterricht (ESL: English as a Second Language) schnell Englisch gelernt, so dass er dem Klassenunterricht bald problemlos folgen konnte. Alle drei Kinder hatten schon nach kurzer Zeit Freunde gefunden. Es ist doch immer erstaunlich, wie Kinder auch ohne Kenntnisse der anderen Sprache miteinander kommunizieren können – und natürlich auch, wie schnell Kinder dann die fremde Sprache lernen!

Wie gehe ich damit um, dass ich Freunde und Familie zurücklassen muss?

Es sind 7000 Kilometer Luftlinie und ein Zeitunterschied von sechs bis neun Stunden, der die Expats künftig von Familie und Freunden trennt. Mal schnell einen Kaffee trinken gehen, die Mutter als Babysitter engagieren, beim älteren Vater nach dem Rechten sehen – das geht nicht mehr.

Was tun?

Es ist zweifellos anstrengend, ein neues soziales Netz zu knüpfen. Doch es ist auch eine Chance, neue Menschen kennenzulernen, neue Dinge zu erfahren. Vielleicht sollte man sich auch vergegenwärtigen, dass es viel schwerer ist, verlassen zu werden als zu verlassen. Womöglich wird man in den aufregenden ersten Wochen kaum dazu kommen, jemanden zu vermissen. Und wenn wieder Zeit dazu da ist, wird es neue Leute und Beschäftigungen geben, die es zu entdecken gilt.

In der virtuellen Welt spielt der Atlantik ohnehin keine Rolle. Kanäle, über die man mit Freunden und Familie kommunizieren und in Kontakt bleiben kann, gibt es viele. Was hindert einen daran, ein regelmäßiges virtuelles Treffen mit einer realen Tasse Kaffee zu vereinbaren?

Außerdem ist man nicht aus der Welt. Man wird sich besuchen, sich dabei sogar näher kommen als das zuvor der Fall war. Jetzt wohnt man zusammen unter einem Dach, ein oder zwei Wochen lang. Einfach ist das nicht immer, zumal die Gäste in Urlaubsstimmung sind und man selbst seinen Alltag zu bewältigen hat. Die plötzliche Nähe kann sich aber auch positiv auswirken: Beziehungen können sich intensivieren, man wird unter Umständen Eigenschaften bei Verwandten oder Freunden entdecken, die man vorher nicht kannte, Kochkünste etwa oder die Hingabe, mit den Kindern zu spielen.

Und das vielleicht wichtigste Phänomen ist: Eines Tages kehrt man zurück und stellt fest, dass in der alten Welt (fast) alles beim Alten geblieben ist. Das kann unter Umständen ein größerer Schock sein als wenn sich etwas geändert hätte (aber dazu mehr im letzten Kapitel). Jedenfalls wird es fast so sein, als wäre man nie weg gewesen. Man wird die Telefonnummer der Freundin wählen, dabei erstaunt feststellen, dass sie noch immer die Gleiche ist, und sich verabreden. Das zu wissen ist beruhigend, man wird nichts verpassen, auch nicht den Anschluss!

Als Familie wird man überdies enger zusammenrücken. Eine Auslandsdelegation ist ein Gemeinschaftsprojekt, bei dem alle zusammenhalten müssen. Zu machen wird es sicher viel geben – und endlich wird dafür auch wieder Zeit sein. Vor allem am Anfang ist man auf sich allein gestellt, was einem keine Angst, sondern eher Freude auf ein Mehr an Familienleben bereiten sollte.

Caterina

Das Halten von Kontakten ist heute viel einfacher als früher. Die modernen Medien sind ein extremer Luxus. Per E-Mail und Skype ist man dauernd erreichbar und kann sich auf dem Laufenden halten. Obwohl die Entfernung groß ist, kann man selbst den Alltag teilen, indem man zum Beispiel schnell ein Bild vom Ostereiersuchen oder vom Ausflug herumschickt. Außerdem fliegen wir zwei Mal im Jahr nach Deutschland, im Sommer und über Weihnachten. Und viele kommen uns auch besuchen. Was ich schön finde. Meine Mutter bleibt dann gleich drei Wochen. Für mich ist das eine großartige Hilfe. Aber auch meine Schwägerin und deren Tochter waren schon zwei Wochen da, wir sind ans Meer gefahren, nach New York City, waren ein Wochenende zelten. So intensiv würden wir die Zeit nicht zusammen verbringen, wenn wir in Deutschland leben würden.

Wird der Partner nach der Entsendung häufiger reisen als vorher?

Dienstreisen und Delegationen gehören auf gewisse Weise zusammen. Die Zuständigkeit beim Auslandsjob wird sich kaum auf das Headquarters allein beschränken. Er wird sich sehr wahrscheinlich um weitere Standorte und Kunden in den USA, vielleicht auch Kanada, Mexiko und Mittelamerika kümmern müssen; daneben wird ihn die Zentrale in Deutschland immer wieder einbestellen. Man selbst bleibt zurück – alleinstehend, alleinerziehend.

Was tun?

Man sollte die Frage, ob der Partner bei einer Delegation häufiger verreisen muss, in jedem Fall im Vorfeld erörtern. So kann man sich darauf einstellen. Es wird anstrengend sein, sich immer wieder allein um Kinder und Küche kümmern zu müssen. Vielleicht wird man auch neidisch sein: Unerhört, schon wieder marschiert der Mann aus dem Haus und kommt nach drei Tagen aus South Carolina oder Washington zurück. Inklusive aufregender Geschichten.

Was soll man schon dagegen halten? Dass Kinder und Spülmaschine gebockt haben? Klingt so gar nicht nach der Frau, die man eigentlich sein wollte und bisher auch war.

Da bleibt nur, kühlen Kopf zu bewahren, was die Kinder und die Spülmaschine, aber auch das angeknackste Selbstwertgefühl angeht. Immerhin kann man stolz und beruhigt sein, ganz gut allein zurechtgekommen zu sein. Vielleicht stellt man auch fest – und das ist fast schon beängstigend –, dass manches, wenn nicht vieles besser geklappt hat. Man entwickelt eigene Routinen, auch gibt es keinen Streit, ob die Kinder um acht oder halb neun Uhr im Bett liegen, ob noch eine Geschichte vorgelesen wird oder wie dick morgens die Schokocreme aufs Brot gestrichen werden darf. Ist doch auch etwas!

Kirsty

Ich habe mit meinem Mann einen Deal: Einen Teil der Tage, die er beruflich unterwegs ist, lasse ich mir für spätere Reisen – ohne Kinder! – gutschreiben. Auf diese Weise war ich mit einer Freundin in Kanada und bin kürzlich zu einer Taufe nach Luxemburg geflogen. Das macht die Zeit, in der er nicht da ist, zwar nicht weniger stressig, schafft aber gefühlsmäßig ein gewisses Maß an Gerechtigkeit. Und was den Stress angeht: Wenn man weiß, dass der andere nicht da ist, stellt man sich darauf ein. Da decke ich schon abends den Frühstückstisch für den nächsten Morgen. Das fast größte Problem ist die Umstellung, wenn mein Mann nach einer Woche wieder da ist und wir ihn in unsere kleinen Routinen integrieren müssen!

Wo werde ich im Ausland leben?

Vor jeder Delegation sollte ein „*Look and See-Trip*" (ohne Kinder) stehen. Bei den allermeisten Unternehmen ist ein solcher Kurzbesuch ohnehin Bestandteil des Pakets. Ein Besuch vor Ort wird viele offene Fragen klären. Man wird keine tiefen Einblicke, aber doch ein Gefühl für die künftigen Lebensumstände gewinnen können.

Vieles wird man sich ausgemalt haben, jetzt gibt es die ersten konkreten Bilder, von denen man auch zu Hause der Familie erzählen kann. Das beruhigt, verschafft Sicherheit.

Ein *Look and See-Trip* dient auch der Suche nach einem Zuhause. Es klingt etwas abwegig, in nur vier Tagen ein Haus für die nächsten vier Jahre zu finden, aber es wird einem nicht viel anderes übrig bleiben. Eines von den Objekten, die gerade auf dem Markt sind, wird es sehr wahrscheinlich werden. Im Falle der USA sollte man überdies nicht außer Acht lassen, dass man mit der Wahl des Wohnortes auch über die Schule mitentscheidet (siehe Kapitel 2).

Eine große Hilfe kann es sein, deutsche Kollegen aus dem eigenen Unternehmen oder anderen Firmen zu treffen. Sie verfügen nach einigen Jahren im Ausland über eine Menge Erfahrung und werden Tipps haben, was Wohnort, Schule, Kindergarten und vieles andere angeht. Zwar stellen viele Firmen den Expat-Familien einen *„Relocator" zur Seite,* der in diesen und anderen technischen Fragen (wie der Eröffnung eines Bankkontos) Unterstützung leistet. Die Qualität dieser *Relocator* schwankt jedoch, oftmals wohnen sie gar nicht dort, wo die neuen Expats hinziehen und kennen deshalb die Begebenheiten vor Ort nicht. Als Amerikaner sind sie überdies grundsätzlich mit den „typisch" deutschen Bedürfnissen nicht vertraut.

Es kann auch sinnvoll sein, vorab und gemeinsam mit allen Familienmitgliedern eine Prioritätenliste zu erstellen! Wo und wie möchte man in den nächsten Jahren wohnen? Was ist wichtig? Ein großes Grundstück oder eine Stadt in der Nähe? Auf welche Schule möchten die Kinder gehen? Nicht alle Wünsche werden sich verwirklichen lassen und grundsätzlich wird man bei allen Prioritäten akzeptieren müssen, dass viele Dinge, etwa Geschäfte in Laufnähe, selten sind, dass man ohne Auto sehr wahrscheinlich nicht weit kommt, dass die Kinder verwundert (oder bewundernd) angesehen werden, wenn sie mit dem Rad zur Schule fahren, dass ein öffentliches Verkehrsnetz nicht in dem Umfang vorhanden ist wie in Deutschland und dass das sommerliche Baden im Pool seine Geheimnisse birgt.

Bianca

Ich hatte vor dem Umzug mit unseren drei Mädchen zwar schon viele Jahre in den USA gelebt – kannte aber die Stadt, in die wir ziehen wollten, gar nicht. Also habe ich mich auf meinem Look and See-Trip gleich mit deutschen Familien verabredet. Das war eine große Hilfe, etwa was die Kindergartensuche anging. Außerdem war es schön zu wissen, dass ganz in der Nähe andere Familien mit Kindern im ähnlichen Alter wohnen. Wir sind im Winter umgezogen, da sieht man ja kaum jemanden draußen. Ich hatte dann wenigstens schon mal eine Telefonnummer, die ich wählen konnte, um uns zu verabreden.

Was passiert, wenn es mir nicht gefällt?

Es war klar, dass das Leben im Ausland ein anderes sein würde – aber so anders? Man wird sich im Vorfeld nur schwer vorstellen können, was einen wirklich erwartet, wie groß das Heimweh ist, wie lange die Umstellung dauert. Der Gedanke, einfach alles abzubrechen und nach Hause zurückzukehren, liegt da nahe.

Was tun?

Der Kulturschock holt vermutlich jeden ein. „Unmöglich, das kann nicht Amerika sein", wird man denken. Doch, das ist Amerika, aber eben nicht so, wie man sich das vorgestellt hat. Und das mag ein Schock sein, womöglich ein viel größerer als wenn man etwa nach Asien gegangen wäre. Man ist enttäuscht, vieles ist anders, funktioniert nicht so, wie man es gewohnt ist, man fühlt sich fremd und weit weg von Dingen und Personen, die einem wichtig sind. Der Impuls, einfach alles stehen und liegen zu lassen und zurückzukehren, ist groß. Doch wer jetzt geht, geht zu früh. Man muss diese Phase des Kulturschocks durchstehen, sie wird vorübergehen. So manches Dilemma wird sich von selbst lösen, anderes wird einem nach einer Weile nicht mehr so fremd erscheinen wie noch am Anfang. Und das liegt zum Teil ganz einfach daran, dass sich der Blick, mit dem man die andere Kultur betrachtet, geändert hat. „*If you change the way you look at things, the things you look at change*", sagt der US-amerikanische Psychotherapeut Wayne Dyer. Wenn man die Sichtweise, mit der man auf die Dinge blickt, verändert, ändern sich die Dinge, auf die man blickt.

Barbara

Unsere Söhne, 11 und 12 Jahre alt, kamen am ersten Tag weinend aus der Schule. „Da gehe ich nicht mehr hin", schluchzten sie. Sie kannten natürlich niemanden in der Schule, auch ihr Englisch war nicht perfekt. Nach jeder Unterrichtsstunde mussten sie den Raum wechseln und fanden sich mit anderen Kindern im nächsten Kurs wieder. Freunde zu finden, gestaltete sich daher als äußerst schwierig. Und dann diese Schularbeiten, wir saßen täglich bis nach zehn Uhr abends da. Das ging jeden Tag so, morgens wurde vor der Schule geweint, nachmittags nach der Schule und abends im Bett. Auch ihre gewohnte Selbstständigkeit war reichlich eingeschränkt. Nachts habe ich geweint und gedacht: „Was haben wir unseren Kindern nur angetan?" Wann immer sie Zeit hatten, skypten sie mit ihren Freunden in Deutschland. Es war schrecklich. Schließlich habe ich beschlossen: „Wenn es bis Februar nicht besser wird, gehen wir zurück." Doch es wurde nicht besser, und irgendwann, es war um die Weihnachtszeit, habe ich dann gesagt „Ich will euer Gejammer nicht mehr hören, ich kann verstehen, dass ihr euer altes Zuhause, eure Freunde und Großeltern vermisst, dass hier vieles nicht so ist, wie ihr es gewöhnt seid, aber ich kann es auch nicht ändern." Ich habe dann auch aufgehört, bis spätabends bei ihnen zu sitzen und Hausaufgaben zu machen. Das sollten sie fortan selbst erledigen, und zwar so lange und so viel wie sie meinten. Mein jüngerer Sohn hatte dann Glück, er spielt sehr gut Fußball, kam gleich in eine Mannschaft und lernte darüber bald andere Jungen kennen.

Im März waren wir in der Karibik, zwei Wochen lang, von den USA ist das ja nicht so weit. Und als wir eines Abends auf dem Balkon unseres Apartments, das direkt am Strand lag, saßen, habe ich zu den Kindern gesagt: „Seht ihr, das gibt es in unserer Stadt zu Hause nicht." Das mussten sie zugeben. Vom Zurückgehen hat seitdem keiner mehr gesprochen.

Sehnsuchtsort Hawaii. Mitten im Pazifik liegt der 50. Bundesstaat der Vereinigten Staaten.

2 Wir sind da! – Angekommen am Zielort

2.1 Chaostage aus dem Koffer

Der Container ist unterwegs, der Flieger am Ziel gelandet und Sie selbst sitzen im Mietwagen oder der Firmen-Limousine und sind – mehr oder weniger aufgeregt und auch müde – unterwegs in das neue Zuhause, in eine Zwischenwohnung oder in das Hotel. Sind die Koffer erst einmal ausgepackt, beginnt für den Partner meist schnell wieder der Alltag im Büro, während Sie selbst noch etwas verloren versuchen, sich im neuen Leben zurechtzufinden und etwas Struktur in den Alltag zu bekommen.

In den meisten Fällen reisen Expatriates mit einer Handvoll Koffern an, aus denen in den ersten Wochen gelebt werden muss. Nicht nur Wäsche, Schuhe und Kleider müssen darin Platz finden, sondern auch Spielzeug, wichtige Dokumente und Medikamente. Vielleicht ist es gerade Winter in Deutschland und die dicke Daunenjacke musste genau so Platz finden wie die Schneestiefel der Kinder. Lautet das Ziel Florida oder Texas, müssen jedoch auch T-Shirts, kurze Hosen und Badesachen mit ins Gepäck. Für ein Baby reisen vielleicht dazu noch Dinge wie Milchflaschen und Windeln mit.

Wer keinen Wert auf eigene Möbel legt und in eine möblierte Wohnung oder in ein möbliertes Haus zieht, kann auf Luftfracht umsteigen. Statt Koffer zu schleppen, bringt eine Spedition bequem alles Wichtige aus den eigenen vier Wänden in ein bis zwei Wochen bis vor die Haustür.

Wer statt eines Hotels oder eines Übergangsapartments gleich in sein neues (und unmöbliertes) Heim ziehen will, braucht mehr Organisationstalent und muss vielleicht auf Mietmöbel und Plastikgeschirr ausweichen. Viele mieten sich jedoch vor allem für die Anfangszeit in einem hotelähnlichen Apartment *(„temporary housing")* ein und warten dort vollausgestattet recht komfortabel auf ihren Container.

Ein bisschen holprig wird es jedoch in jedem Fall. Vielleicht müssen Sie zum Wäschewaschen in einen Waschsalon, sind aufgrund der fehlenden Küchen- und Haushaltsgeräte etwas eingeschränkt und müssen auch beim Spielzeug der Kinder improvisieren. Besteht bereits Kontakt zu anderen Familien, empfiehlt es sich, von diesen (ausrangiertes) Spielzeug zu besorgen oder sich gleich zu Spieltreffen, sogenannten Playdates, zu verabreden. Auf diese Weise wird zumindest den Kindern das Einleben etwas erleichtert. Vielerorts gibt es Second-Hand-Boutiquen *(„consignment stores")*, die sehr günstig Spielsachen und Kleidung anbieten, sollte sich ein Engpass herausstellen. Beim bekannten Möbelschweden gibt es auch günstige Geschirr- und Kochsets, die für solche Gelegenheiten optimal sind.

In der Luftfracht nicht vergessen werden sollten Hochstuhl und Kinderbett, denn *temporary housings* sind auch im kinderfreundlichen Amerika nicht immer damit ausgestattet.

Ist der Container nach vier bis sechs Wochen da, darf das endgültige Zuhause bezogen werden. Die Möbelpacker werden die Kisten ins Haus tragen und Betten sowie Schränke aufbauen, das Auspacken, Sortieren, Verstauen bleibt jedoch Ihnen überlassen. Vielleicht müssen und/oder wollen Sie vorher noch einen Putztrupp durchs Haus schicken oder das selbst übernehmen. Außerdem stehen Dinge wie „Strom und Telefon anmelden", „Handwerker organisieren" oder „den amerikanischen Führerschein machen" auf der To-do-Liste. In einem Land, in dem praktisch jeder Schritt mit einem Auto gemacht wird, müssen natürlich noch ein oder zwei fahrbare Untersätze her. Gefolgt folgt von zahllosen Anrufen bei Versicherungsunternehmen. Das Ganze dann auch noch auf Englisch. Elektrogeräte müssen oft ebenfalls neu angeschafft und passende Möbel erst noch gekauft werden. Ganz zu schweigen von Dingen wie einer Sozialversicherungsnummer, einer Arbeitserlaubnis oder auch einer Krankenversicherung.

Zum Glück stehen die meisten Expats in einer solchen Situation nicht ganz allein da. Sogenannte *„Relocation Manager"* oder *„Relocator"* helfen, die neue Situation möglichst schnell in den Griff zu bekommen. Diese, meistens von größeren Entsendungsfirmen gesponserten, Fachleute haben direkt vor Ort jede Menge Tipps parat, begleiten die Neuankömmlinge auch auf Ämter und sollten wirklich mit jeder noch so seltsam erscheinenden Frage konfrontiert werden. Gleichwohl: Die Qualität der *Relocation Manager* schwankt und nicht jeder kümmert sich gleich gut um seine „Schützlinge".

Kleinere Firmen, die keinen *Relocation*-Service bieten können, haben vielleicht hilfreiche Unterlagen zusammengestellt, so dass Sie sich nicht völlig neu in alle Themen einarbeiten müssen.

Hat die Entsendungsfirma vielleicht ein Netzwerk deutscher Expats, auf das sich zurückgreifen lässt? Falls nicht, können Sie auch über eine Internetsuche (z. B. *„Meetup Groups"*, www.meetup.com) fündig werden. Solche Kontakte sind äußerst hilfreich. Schließlich waren die anderen auch einmal in der gleichen Situation und kennen die Sorgen und Nöte der Neuankömmlinge. Auf der Suche nach hilfreichen Informationen sollten Sie auch nette Nachbarn oder die Arbeitskollegen des Mannes ohne Zögern „anzapfen".

Die ersten Monate sind aufregend und stressig zugleich. Checklisten und Zeitpläne helfen, den Überblick zu behalten und Fristen einzuhalten. Als Mitreisende steht „frau" oft ohne Hilfe des Mannes vor dieser Herausforderung, denn dieser hat bereits mit seinem neuen Job alle Hände voll zu tun. Neben der organisatorischen Vorbereitung sollte man sich also auch psychisch darauf einstellen, dass es am Anfang etwas holprig wird.

Auf der Checkliste sollten daher auch unbedingt Dinge stehen, die rein gar nichts mit dem Umzugsstress zu tun haben. Regelmäßige Unternehmungen sowohl als Familie als auch in eigener Sache bringen etwas Abstand und lassen die Batterien wieder aufladen.

2.2   Sich einleben in den USA: Alles Wichtige auf einen Blick

Mit dem Einzug in die neue Wohnung oder in das neue Haus geht der Start ins Expat-Leben so richtig los. Jedes Familienmitglied muss sich künftig hier wohl fühlen. Die Unterkünfte in den USA entsprechen in der Regel nicht dem gängigen Expat-Klischee und werden nicht mit Haushaltshilfe und Fahrer geliefert. Wer vom Entsendungsunternehmen ein festgelegtes Wohnbudget vorgegeben hat und dieses nicht überschreiten möchte, lebt vor allem dann, wenn man sich eine der großen Metropolen oder eine sehr beliebte Wohngegend ausgesucht hat, meist etwas beengter als zuvor.

Vor den Toren der Großstädte aber und erst recht in ländlichen Gegenden sieht die Sache natürlich anders aus. Die Amerikaner lieben es weitläufig und haben durchaus gern viel Platz um sich herum. Hier reicht das Budget für so große Häuser, dass die eigenen Möbel knapp werden, um alle Räume zu füllen – inklusive Gärtnertrupp, der einmal im Monat den Rasen mäht und im Herbst das Laub auffegt. Die gewohnte deutsche Massivhausqualität wird man in den USA jedoch vergeblich suchen. Hier herrscht die leichtere Holzrahmenbauweise vor. Die Bauten sind schlechter gedämmt und schallisoliert und werden meistens mittels Warmluft geheizt. Hierbei wird warme Luft über Schächte in die Wohnräume gepustet – im Sommer wird stattdessen bei Bedarf einfach eine Klimaanlage angeschlossen.

Die neue Unterkunft wird auf absehbare Zeit der Rückzugsort für die gesamte Familie sein. Wenn einem die fremde Mentalität zu schaffen macht, der Partner gestresst von der Arbeit kommt, die Kinder über Heimweh klagen – hier ist der Ort zum Auftanken, die Oase für die Durststrecke. Darum kann man gar nicht genug Augenmerk darauf verwenden, es sich hier so gemütlich (und im besten Sinne „heimisch") wie nur möglich zu machen. Die eigenen Möbel leisten naturgemäß einen großen Beitrag zum Wohlfühlen. Doch auch wer sich für ein möbliertes Haus oder eine Wohnung entschieden hat, kann mit persönlichen Gegenständen eine passende Atmosphäre schaffen oder Möbel so umstellen, dass sie „stimmiger" sind. Wichtig ist, die Bedeutung der Unterkunft nicht zu unterschätzen und von Anfang an großen Wert darauf zu legen, sie nach eigenen Wünschen und Bedürfnissen zu gestalten. Wer vielleicht anfangs nicht auf den geliebten Radiosender zum Frühstück oder den „Tatort" am Sonntagabend verzichten mag, kann sich diese Dinge per Internet ganz leicht ins Haus holen.

Und von nach Deutschland zurückkehrenden Expats werden immer mal wieder Möbel oder andere Gebrauchsgegenstände verkauft, oft auch deutsche Fabrikate und solche, die es in den USA vielleicht nicht zu kaufen gibt. Dies kann eine gute Fundgrube sein, wenn der amerikanische (Möbel-)Geschmack so gar nicht den eigenen Vorstellungen entspricht. Die oftmals vorherrschenden amerikanischen Vorlieben, was die Küchenfarbe (braun), Vorhänge (wallend) und Lampen (pseudo-antik) angeht, sind in jedem Fall gewöhnungsbedürftig. Immerhin lassen sich Lampen und Vorhänge problemlos abnehmen und ersetzen. Fotos von Familienangehörigen oder Freunden helfen Kindern, gedanklich mit ihnen in Kontakt zu bleiben. Auch Rituale und liebgewonnene Gewohnheiten sollten beibehalten werden.

Wo bekommen Sie **Möbel** und andere notwendige Dinge her? Überall in den USA finden Sie große Möbelmärkte, wie *Raymour & Flanigan, Crate & Barrel, Pottery Barn, Ethan Allen, Ashley Furniture Homestores, Restauration Hardware, Homegoods* oder eben auch *IKEA*. Es gibt aber auch Ladenketten, die von Möbeln über Elektrogeräte, Spielzeug bis hin zu Anziehsachen so ziemlich alles führen, was das Herz begehrt. Besonders beliebt bei den Amerikanern sind *Target, Sears, Walmart, JCPenney, Costco* oder *Kohl's*. Zu beachten ist, dass Betten und Matratzen andere Größen haben als in Deutschland. Bei www.wayfair.com oder www.overstock.com lassen sich viele Dinge fürs Einrichten auch online bestellen. Accessoires für daheim gibt es unter anderem bei *Homegoods, Pier 1 Imports* oder *Bed, Bath and Beyond*.

Das **Nachbarschaftsleben** in den USA ist vielleicht etwas reger als man dies in Deutschland gewohnt ist. Schon beim Einzug werden Nachbarn klingeln, sich vorstellen und vielleicht ein paar Kekse vorbeibringen. Vielerorts gibt es *Happy Hours* – an bestimmten Wochentagen im Sommer treffen sich alle Nachbarn in einem ihrer Gärten, bestellen Pizza und trinken Bier. In anderen Gegenden organisieren die Anwohner einmal im Jahr ein Straßenfest, die Straße wird gesperrt, jeder backt und kocht und man feiert bis lange den Abend hinein. Wird ein Baby geboren oder ist jemand ernsthaft erkrankt, wird ein *„meal service"* ins Leben gerufen. Im Winter kommt vielleicht der nette Nachbar und hilft ganz selbstverständlich dabei, die Einfahrt vom Schnee zu befreien.

An allen anderen Tagen im Jahr, also der Mehrzahl, wirken so manche Straßenzüge dagegen wie ausgestorben, stehen die Klettergerüste verwaist in den Gärten. Im Freien hält sich der Amerikaner ungern auf. Im Winter halten ihn Schnee und Kälte davon ab, im Sommer ist es ihm oftmals zu sonnig und heiß. Das gilt auch für die Kinder. Wenn am Samstag auf dem örtlichen Fußball- oder Baseballfeld die Mannschaften für ein Spiel zusammenkommen, werden Sie überrascht sein, wie viele Familien in Ihrer Nachbarschaft wohnen. Die bekommen Sie ansonsten eher selten zu Gesicht. Das mag nicht für jeden Ort zutreffen und auch nicht für ganz Amerika, in der Tendenz bevorzugt der Amerikaner aber das wohl temperierte Innere seines Hauses.

Wenn Sie als Gast zu einem *Barbecue,* **Dinner** oder einer anderen Festlichkeit eingeladen sind: Bringen Sie etwas mit! Wein zum Abendessen, Muffins zu einer Poolparty oder kleine Seifenblasen für den Kindergeburtstag. Pünktlichkeit gilt nicht gerade als höflich – meistens lassen die Gäste einen Puffer von fünf bis zehn Minuten und erscheinen etwas später. Man will den Gastgeber nicht kompromittieren, indem man vielleicht zu früh da ist und noch nicht alles fertig ist. Und *„German Gemütlichkeit"* wird man in den USA auch vergeblich suchen. Sobald das Dessert verspeist und der Espresso getrunken ist, werden die Löffel fallen gelassen und man verabschiedet sich. Ausgerechnet dann, wenn man als Deutscher eigentlich zum gemütlichen Teil des Abends übergehen wollte... Ihre Bereitschaft, beim Abräumen mitzuhelfen, wird der Gastgeber wohlwollend zur Kenntnis nehmen (und dies wahrscheinlich jedoch dankend ablehnen).

Da sich der Gastgeber Zeit für seine Gäste genommen hat, kann er erwarten, dass diese sich anschließend kurz schriftlich bedanken. Dies gehört einfach zum guten Ton und eine riesige Bandbreite an vorgedruckten Karten macht das Versenden einer *„thank you note"* leicht. Bei guten Freunden reicht auch eine kurze SMS oder E-Mail als Dankeschön. Ausgesprochen wird es zwar nicht unbedingt, aber es wird erwartet, dass man sich für eine Einladung revanchiert.

Den klassischen *„handshake"* gibt es übrigens meistens nur beim allerersten Kennenlernen. Das gilt selbst für den ersten Arztbesuch. Danach reicht ein einfaches *„How are you?"* aus. In freundschaftlichen Kreisen gibt es ein Küsschen auf die Wange. Aber bitte nur eins! Geduzt und beim Vornamen genannt wird sich gleich von

Anfang an. Auch in den meisten Unternehmen ist es üblich, sich untereinander zu duzen, sogar den Chef. Kinder allerdings werden in aller Regel dazu angehalten, höflich *„Mister oder Misses"* samt Nachnamen zu sagen.

Und ein paar **Themen** sollte man unbedingt vermeiden – sie haben in der Öffentlichkeit zunächst nichts zu suchen. Kennt man sich besser, gelten andere Kriterien. Dazu gehören Themen wie Sex, Politik und Religion. Kritische Äußerungen ganz allgemein sollte man anfangs besser ausklammern. Amerikaner können sich hierdurch verunsichert fühlen. In Schweigen zu verfallen, ist allerdings keine wirkliche Alternative, auch das empfindet der Amerikaner eher als unangenehm. Small Talk ist ein Muss auch im Aufzug. Dort gibt es genau drei Themen: Wetter, Baseball und die Frequenz, mit der der Aufzug auf dem Weg nach oben oder unten in den einzelnen Etagen hält. Stoppt er bei jedem Stockwerk, dauert es nicht lange, ehe jemand ausruft: *„We got the local"*, was so viel bedeutet wie „Wir sind mit dem Bummelzug unterwegs".

Ganz besonders schwer fällt uns Deutschen der Umgang mit dem *„How are you?"* Die Kassiererin im Supermarkt, die Lehrerin in der Schule, die Mutter eines Klassenkameraden, der Nachbar, der Müllwagenfahrer – sie alle wollen wissen: „Wie geht es Ihnen?" Aber wollen sie das wirklich wissen? Eher nicht, das Fragezeichen ist kaum verklungen, da sind sie schon vorübergeeilt. Eine ernsthafte Antwort auf das *„How are you"* erwartet niemand, genau genommen ist es auch keine Frage.

Das aber übersehen viele, so dass der Spruch häufig als Beweis für die amerikanische Oberflächlichkeit herhalten muss. Das aber ist ein Irrtum. Der Amerikaner sagt *„How are you"* wie wir jemanden mit „Hallo" oder „Guten Tag" begrüßen. Und er ist damit vielleicht etwas freigebiger als wir mit unserem „Hallo", weil er eben generell ein höflicher, freundlicher Mensch ist. So wie man das *„How are you"* nicht wörtlich übersetzen darf, sollte man auch andere Sprüche nicht allzu wörtlich nehmen. Wenn etwa die Nachbarin nach einem Plausch auf der Straße meint: *„We should have coffee sometime"*, heißt das nicht, dass Sie gleich Ihren Kalender zücken und einen Termin vereinbaren sollten. Ihre Nachbarin wollte nur eines: nett sein, Ihnen vielleicht bekunden, dass sie sich freut, Sie als Nachbarin zu haben, mehr aber (vorerst) nicht.

Verbal ist der Amerikaner eben großzügig. Das heißt nicht, dass er es nicht auch so meint. Er meint nur nicht genau das, was er sagt. Eine andere Formel, die Ihnen immer wieder begegnen wird, ist: *„I love you"*. In den USA liebt jeder jeden, der Lehrer die Kinder, die Kollegin Ihren Mann, der Pfarrer die Gemeindemitglieder, die Tennisbekannte Sie. *„I love you"* ist in Deutschland ein starker Satz, den Sie so vermutlich nur Ihren Kindern oder dem Partner sagen würden. Auf amerikanisch hat er nicht diese Bedeutungsschwere. Hier kann jeder jeden lieben – und damit tatsächlich nur zum Ausdruck bringen: „Du bist mir sympathisch" oder „Ich freue mich, dass wir uns kennen". Wer eines Tages das Land verlässt, wird so manche I-love-you-Bekundung hören – und danach womöglich nicht mehr viel.

Doch auch das bedeutet nicht – man kann es nicht genug betonen –, dass der Amerikaner oberflächlich wäre. Sein Bedürfnis, eine angenehme Gesprächsatmosphäre zu schaffen und sich generell mit seinen Mitmenschen gutzustellen, ist nur größer als bei den Deutschen. *„Emotion"* heißt das Stichwort, Gefühle. In Amerika ist alles gerne *emotional*. *„Oh my god, what happened?"*, *„Gorgeous haircut!"*, *„I love your shoes"* – verbal geht es selbst bei einfachen Dingen hoch her. Wir Deutschen sind gefühlsmäßig eher sparsam unterwegs, zumal am Anfang. Haben wir jemanden aber erst einmal ins Herz geschlossen, geben wir vieles bis alles für diese **Freundschaft**. Diese enge Definition von Freundschaft hat der Amerikaner nicht. Abgesehen davon, dass oben auf der Prioritätenliste (traditionell) die Familie steht, sind die freundschaftlichen Bande mehr flexibel. Das müssen sie auch sein. Die Freundin von der Uni zieht nach

dem Abschluss an die Westküste, man selbst arbeitet an der Ostküste, der Mann bekommt einen neuen Job in Texas angeboten,
also zieht die Familie tausende Kilometer gen Süden, nach dem
High-School-Abschluss verteilt sich der Jahrgang auf unterschied-
liche und oft weit voneinander entfernte Colleges im Land. Der
Amerikaner muss zwangsläufig immer wieder neue Freundschaften knüpfen und versuchen, zu alten – zumindest lose – Kontakt
zu halten. Eingeübt wird das schon in der Schule, indem es keinen
festen Klassenverband gibt, sondern jedes Schuljahr die Klassen
neu durchmischt werden.

Doch zurück zum Thema „Haushalt". **Elektronik- und Elektro-
artikel** kaufen Amerikaner gern bei *Best Buy*. Während deutsche
Geräte mit 220/230 Volt betrieben werden, beträgt die Netzspan-
nung in den USA 120 Volt. Das bedeutet, dass viele deutsche Geräte in Amerika gar nicht angeschlossen werden können. Adapter,
mit denen man kleinere Geräte im amerikanischen Stromnetz nutzen kann, sollte man aus Deutschland mitbringen, da sie in den
USA schwieriger erhältlich sind. Etwas größere Geräte (beispielsweise einen Kaffeeautomaten) lassen sich mit Hilfe eines Trans-
formators auch in den USA bedienen. Solch ein *„step up or down
transformator"* ist auch in den USA zu haben (weitere Informationen zu dem Thema gibt es unter www.220-electronics.com).

Wenn Sie in Ihre neue Unterkunft eingezogen sind, werden Sie
sich auch um die Anmeldung von **Strom und Gas** kümmern müssen. Meistens bestehen vom Eigentümer Verträge mit bestimmten Unternehmen – diese weiterzuführen ist in aller Regel am
einfachsten. Einmal monatlich schauen Angestellte der entsprechenden Unternehmen vorbei, um die Zähler (meistens außen am
Haus) abzulesen. Inzwischen kann man aber auch den Zählerstand
selbst (beispielsweise online) durchgeben oder ein Foto machen
und an die entsprechende Firma schicken. Manchmal schätzen die
Strom- und Gasunternehmen den aktuellen Zählerstand auch. Bezahlt werden die Rechnungen entweder per Scheck oder per Bank-

einzug. Da sowohl Heizung als auch Klimaanlage am Strom hängen, kann es sehr ungemütlich werden, wenn der Strom ausfällt. In vielen Gegenden der USA verlaufen die Strommasten noch überirdisch und sind somit anfällig für Störungen (durch Winde, Blizzards, Wirbelstürme etc.). Viele Einwohner entscheiden sich daher für den Kauf eines Generators, mit dem im Falle des Falles zumindest behelfsweise elektronische Geräte geladen werden können. Unterschätzen Sie die Möglichkeit von **Stromausfällen** nicht! Diese gehören hier fast zum Alltag, und die Menschen haben sich damit arrangiert. Bewährt hat sich im Vorfeld möglicher Stromausfälle der mobile Dienst www.nixle.com, bei dem sich jeder mit Handy- oder E-Mail-Adresse anmelden und Polizeimeldungen seines Ortes frei Haus erhalten kann. Wird hier beispielsweise vor einem Wintersturm oder einem Hurrikan gewarnt, bleibt noch etwas Zeit, das Nötigste vorzubereiten, das Handy aufzuladen, die Taschenlampen zu checken, Lebensmittel einzukaufen, das Auto vollzutanken, Decken bereitzulegen und Wasser bereitzustellen. Umso besser, wenn der Strom am Ende dann doch stabil und das Haus warm bleibt...

Sollte etwas im Haus oder Apartment einer Reparatur bedürfen, machen Sie sich – wie in Deutschland auch – auf die Suche nach einem **Handwerker** (*„contractor"*). Einen solchen findet man per Internetsuche oder mit einem Blick in die Gelben Seiten. Eine unabhängige Bewertungsplattform im Internet ist www.angieslist. com, auf der zahlreiche Unternehmen von ihren Kunden Noten erhalten haben und die somit Aufschluss über die Qualität der Arbeit geben können. Sie sollten sich in jedem Fall jedoch gleich von vornherein darauf einstellen, dass es auch hier ein paar Unterschiede zu Deutschland gibt: Erstens kommt nicht jeder Handwerker auch tatsächlich wie verabredet, denn wenn es sich um einen kleinen Auftrag handelt und vielleicht etwas Attraktives, Größeres dazwischenkommt, wird auch gern mal ohne vorheriges Anrufen „geschwänzt". Und zweitens sieht die Handwerksausbildung in den USA ganz anders aus als in Deutschland und entsprechend kann die Qualität der Arbeit stark variieren. Zudem sind nicht alle Unternehmen gegen Unfälle versichert. Und natürlich arbeiten viele mit angelernten Hilfskräften. „Passt schon‘‘, scheint auch hier oft das Credo zu sein. Dafür gibt es hier keinen Service, den es nicht gibt: Mitten in der Nacht jemanden finden, der die Heizung wieder in Gang bringt? Kein Problem! Ein Tier hat sich in das Abluftrohr des Trockners verirrt und findet nicht mehr heraus? Wozu gibt es spezielle *„dryer vent cleaning"*-Firmen, die nichts anderes tun als das? Für alle kleineren Reparaturen gibt es den sogenannten *„handyman"*. Sehen Sie möglichst zu, einen guten empfohlen zu bekommen und speichern Sie sich seine Telefonnummer! Manche Vermieter arbeiten auch mit Versicherungsunternehmen zusammen, die im Fall einer notwendigen Reparatur Kontakt mit entsprechenden Vertragsfirmen aufnehmen und vergleichsweise schnell jemanden vorbeischicken. Hier zahlt der Vermieter eine Monats- oder Jahresgebühr und der Mieter übernimmt lediglich eine kleine Zuzahlung. Die eigentliche Reparatur wird dann vom Versicherer beglichen. Beispiele hierfür sind unter anderem *Choice Home Warranty, Total Protect, Select Home Warranty* oder *American Home Shield*.

Große **Bau- und Heimwerkermärkte** sind *Home Depot* und *Lowe's*. Die **klassischen Kaufhausketten** heißen *Macy's, Lord & Taylor* und *Bloomingdale's*. Für Kinder gibt es alles bei *Babys R Us* oder *Toys R Us*.

Bücher werden bei *Barnes & Noble* eingekauft. Selbstverständlich leiden auch in den USA die kleinen Einzelhändler unter der Übermacht der großen Ketten. Wann immer es geht, empfiehlt es sich daher, beim Laden „um die Ecke" einzukaufen. Viele Innenstädte verfügen über mehr oder weniger große Hauptstraßen mit Geschäften. Manche sind sehr idyllisch und laden zum Bummeln ein. Andernorts umfasst „Downtown" nicht mehr als eine Durchgangsstraße, an der rechts und links ein paar Lädchen liegen.

Lebensmittel sind praktisch an jeder Ecke zu finden. Große **Supermärkte** haben oft rund um die Uhr auf und empfangen die Einkaufswilligen nicht selten erst einmal mit einer Kaffeetheke, an der man sich mit einem *„Latte"* (natürlich in XXL) oder einem *„Frozen Vanilla Hazelnut Cappucchino"* stärken kann. Hat man sich dann durch ein Meer von schön aufeinander gestapelten Äpfeln, Kürbissen und Salatköpfen geschlagen und an einem Regal voller Chipstüten in Übergröße vorbeischleichen können, steht man vor einem Kühlregal mit schier unendlich vielen Sorten von Milch, Säften und Joghurt. Auch hier natürlich alles in Gallonen oder zumindest in *„family sizes"*. Und überall gibt es Sonderangebote wie „Kauf 2, nimm 3". Frische Wurst oder Backwaren holt man hier nicht beim Fleischer oder Bäcker, sondern an den *„Deli"*-Theken in Supermärkten – oder greift sie eben abgepackt aus dem Regal oder der Tiefkühltruhe.

Typisch deutsches Brot wird man suchen müssen. Die Amerikaner lieben es eher süß und „wabbelig". Am ehesten lohnt da ein Besuch in der größten Bio-Supermarktkette des Landes, im *Whole Foods Market*. Auch in einem Reformhaus, einem sogenannten *Health Shoppe*, kann man fündig werden. Und wenn nicht, gibt es dort in aller Regel verschiedene Getreide – gemahlen oder ungemahlen – zum Selberbacken. Immer wieder aber, vor allem in den Großstädten, ist das Bemühen um gutes Brot groß. Dort gibt es kleinere Ketten mit geschmacklich guter Auswahl oder auch einzelne Läden, die dann *„German Bakery"* heißen und mit ihrem *„Old World Bread"* werben.

Bringt man seine Waren anschließend an die Kasse, hat man die Wahl: Selber einscannen und einpacken oder doch lieber zu einer Kassiererin? Letztere sind nicht gerade berühmt für ihre Schnelligkeit – man hat hier eben Zeit. Dafür ist einem ein *„How is your afternoon going so far?"* oder auch eine Lobrede aufs Baby *(„She is sooo adorable!")* sicher, was einem ungemein den Tag versüßen kann. Nicht wundern, wenn der Endpreis des Einkaufs höher ist als erwartet. Die Mehrwertsteuer wird erst am Ende erhoben und ist je nach Bundesstaat unterschiedlich.

Eingepackt wird der Einkauf dann in (wirklich sehr kleine und dünne) Plastik- oder Papiertüten. Oder manchmal auch in beides: erst Papier, dann Plastik drüber. Wenn man mit einer – in Deutschland sehr beliebten – Plastik-Klappbox ankommt, sind einem verwunderte Blicke sicher, denn so etwas gibt es in den USA nicht. So langsam jedoch entwickeln die hiesigen Bewohner einen Sinn für Umweltschutz. In manchen Regionen wurden Plastiktüten entgegen der Einflussnahme der mächtigen Tütenlobby aus den Märkten verbannt. Andernorts sind die Kunden schon von sich aus so weit, dass sie ihre eigenen Einkaufstaschen mitbringen (die auch jeder Markt zum Kauf im Angebot hat), die sich dann beliebig oft benutzen lassen. Als Anreiz belohnen einige Supermarktketten den Verzicht auf eine Plastiktüte mit einem Rabatt von einigen Cent am Ende des Einkaufs; in anderen Märkten darf man, wenn man mit seinen *„reusable bags"* daherkommt, seinen Namen in eine Lostrommel werfen und erhält mit etwas Glück einen Einkaufsgutschein von 10 oder 20 Dollar.

Den Einkaufswagen nach dem Entladen wieder zurückbringen? Gern – muss aber nicht! Die meisten großen Märkte haben für das Einsammeln Mitarbeiter angestellt. Und natürlich muss auch niemand Pfand für einen Einkaufswagen zahlen. Wer allerdings bei *Aldi* einkauft (auch den gibt es in den USA, und zwar sehr erfolgreich), wird dort nach deutschen Einkaufsregeln erzogen: Einkaufswagen gibt es nur gegen Geld (25-Cent-Stück), ebenso die Plastiktüte. Für die *„Newcomer"* hat der Discounter auf seiner Webseite eigens den Punkt *„Shopping at Aldi"* installiert.

Was den Kauf von **Alkohol** angeht, so hat da jeder Bundesstaat, ja sogar manchmal jeder Landkreis *(„county")* seine eigenen Gesetze. In manchen Staaten gibt es Bier, Wein und Co im Supermarkt, mancherorts muss man eigens einen *Liquor Shop* ansteuern.

Grundsätzlich gilt aber, dass Alkohol nur an Kunden über 21 Jahre verkauft oder ausgeschenkt wird. Trinken in der Öffentlichkeit ist meistens verboten oder zumindest verpönt und mit angebrochenen Flaschen im Fahrerraum sollte man sich auch nicht erwischen lassen.

Wie überall auf der Welt nimmt auch in den USA der Trend zu, sich die Lebensmittel ins Haus liefern zu lassen. Bei großen Supermarktketten kann man bequem online bestellen und hat dann die Wahl, ob der Einkauf bis in die Küche gebracht wird oder ob man ein paar Dollar sparen möchte und die Tüten direkt im Supermarkt abholt. Auch die gute alte **Biokiste** oder die Milch direkt vom Erzeuger gibt es durchaus auch in den USA als Lieferoption. Sie werden auch zahlreiche **Bauernhöfe** unterschiedlicher Größe finden, bei denen Sie entweder selbst Ihr Obst pflücken oder bequem im Hofladen einkaufen können. Und nicht zuletzt erfreuen sich immer mehr Amerikaner an den wöchentlichen **Bauernmärkten** (*„farmers markets"*), von denen es landesweit im Jahr 2014 bereits mehr als 8000 gab.

Es gibt immer mehr Anhänger der Bio-Esskultur, die auf Englisch *„organic"* heißt. Größte Supermarktkette ist der *Whole Foods Market*, der neben Premium-Bio-Marken auch seine eigene Produktlinie vertreibt und somit trotzdem recht erschwinglich bleibt. Wer sicher sein will, dass das Produkt nach ökologischen Maßgaben produziert wurde, sollte auf das Siegel des Landwirtschaftsministeriums (*„USDA Organic"* in grün-weiß oder schwarz-weiß) achten (weitere Informationen unter www.usda.gov). Aufdrucke auf Eierpackungen *„cage free"* oder Milchtüten *„without hormones"* dagegen besagen gar nichts: Der Wahrheitsgehalt dieser Aussagen wird nicht kontrolliert, und im Zweifel stimmen sie eher nicht. In der Massentierhaltung der USA haben Hühner weniger Platz als in einem Schuhkarton und werden Kühe mit Hormonen und Antibiotika behandelt, um bessere und schnellere Erfolge zu erzielen. Auch Pflanzen gentechnisch zu verändern, ist in den USA erlaubt, fast das gesamte Soja, das hier wächst, ist genmanipuliert. Den Produkten später sieht man das allerdings nicht an; vergeblich versuchen Verbraucherschützer seit Jahren zumindest eine Label-Pflicht durchzusetzen.

Aufgrund der sehr strengen **Haftungsgesetze** wird in den USA einfach ALLES erklärt. Die Kartoffelchips wurden in einer Fabrik produziert, die auch Nüsse und Milch verarbeitet? Muss auf die Packung! Kleine Kinder sollten möglichst nicht den Teppichreiniger trinken? Wehe, wenn es nicht draufsteht! Das Argument, dass vieles sich doch schon durch den gesunden Menschenverstand erklärt, lässt hier keiner gelten. Mit dem Ergebnis, dass diese Absicherung zuweilen richtige Blüten treibt. Wird zum Beispiel im Fernsehen ein Medikament beworben, listet der Sprecher den gesamten Beipackzettel und mögliche Nebenwirkungen gleich mit auf.

Natürlich ist auch das **Telefonieren** in den USA ein Kapitel für sich. Unternehmen wie *Verizon, Comcast* oder *Optimum* bieten landesweit kombinierte Pakete von Festnetz, Internetanschluss und Fernsehprogrammen an, die jedoch auch nach Wunsch einzeln zu haben sind. Gebunden sind die Angebote meistens für zwei Jahre und bei kürzerer Laufzeit entsprechend teurer. Die mobile Telefonie ist erst seit ein paar Jahren auf dem Vormarsch. Den Markt teilen sich im Wesentlichen *AT&T, Verizon Wireless, T-Mobile* und *Sprint*. Kleinere Anbieter nutzen in der Regel die Netze der Großen, sind aber deutlich günstiger. Dies sind zum Beispiel *Metro PCS, Boost Mobile* oder *Virgin Mobile*. Der größte Unterschied jedoch zu Deutschland: Die meisten Anbieter in den USA erheben nicht nur Gebühren für abgehende Anrufe – auch auf angenommene Anrufe werden Zahlungen fällig! Eine sorgfältige Prüfung der Vertragsdetails ist daher absolut empfehlenswert. Die Telefonnummern bestehen aus 10 Zahlen und werden wie folgt angegeben: 123 456 7890. Die ersten drei Ziffern stellen immer den sogenannten *Area Code* dar, also quasi die Ortsvorwahl. Auch

Handys haben einen *Area Code* und keine anbieterabhängige Vorwahl wie in Deutschland.

Amerika, das Land ohne **Esskultur**? Mitnichten! Nirgends kann man aus so vielfältigen Angeboten wählen wie hier. Amerikaner lieben es, auswärts zu essen, ob zu zweit oder mit der ganzen Familie. Selbst unter der Woche und zur Lunch-Zeit sind die Restaurants voll – was nicht zuletzt daran liegt, dass Selberkochen nicht gerade zu den größten Leidenschaften der Amerikaner zählt. Fast alle Restaurants sind familienfreundlich und bieten zu bestimmten Zeiten kostenfreies Kinderessen an. Und gleich beim Betreten gibt es einen Hochstuhl und Malsachen. Oft sind die Essens-Portionen so groß, dass locker zwei Personen davon satt werden. Und sollte dann trotzdem noch etwas übrig sein, packt es das Servicepersonal gern ein und gibt es dem Gast mit. Soft-Getränke und den normal gebrühten Kaffee kann man sich meistens beliebig oft nachschenken lassen *("free refill")*, Leitungswasser *("tap water")* gibt es ebenfalls kostenlos.

Typisch amerikanische **Restaurants** sind die sogenannten *"Delis"* und *"Diners"*. Das Wort *Deli* kommt von *"delicatessen"* und bezeichnet einen Feinkostladen mit angeschlossenem Restaurant oder Imbiss. Hier werden typische amerikanische Gerichte angeboten wie Pancakes oder auch Sandwiches. Man darf das Wort "Feinkost" nicht so ganz ernst nehmen – bei einem *Deli* handelt es sich eher um eine Art Schnellimbiss.

Ein typischer *Diner* bewegt sich zwischen *Fast Food* und Restaurant und ist meist rund um die Uhr geöffnet. Auch hier werden *Burger, Sandwiches* und Co. serviert, zu recht moderaten Preisen. Wie der *Deli* gehört der *Diner* fest zur amerikanischen Kultur. In jedem noch so kleinem Ort gibt es ihn, mit seiner Leuchtreklame, dem edelstahlmäßigen Äußeren, den kunstlederbezogenen Sitzecken mit Jukebox auf dem Tisch, der Bedienung mit Schürze, die beständig Kaffee nachschenkt, dem Geruch von heißem Fett in der Luft. Die Zeit scheint hier stehen geblieben zu sein. Oder vielmehr: Sie ist es. Renoviert oder verändert, so könnte man oft meinen, hat in all den Jahrzehnten hier niemand etwas.

Von A wie Algerien bis Z wie Zypern – die USA profitieren von den zahllosen Einwanderern ganz bestimmt in kulinarischer Hinsicht, denn authentische und landestypische Küche ist hier garantiert. Will man chinesisch essen gehen, kann man sicher sein, auch tatsächlich authentische chinesische Gerichte zu bekommen. Einziges Problem: Amerikaner mögen es gern süß und weniger stark gewürzt. Selbst die Brötchen für die Hamburger sind nicht herzhaft, sondern eher süß.

Apropos Hamburger: Wenn man nicht gerade Vegetarier ist, sollte man sich diese amerikanische Spezialität nicht entgehen lassen! Sie schmecken wirklich anders als in Deutschland und sind um einiges größer. Ladenketten wie *„Five Guys"*, *„Smashburger"* oder *„Shake Shack"* (dessen Inhaber eigentlich Sterne-Restaurants betreibt) haben das Bulettenbraten zur Kunst erhoben und ein Besuch lohnt in jedem Falle.

In einem amerikanischen Restaurant herrscht in aller Regel das Gebot: „Sie werden platziert" (*„Wait to be seated"*). Man wartet einfach am Eingang, bis ein freundlicher Ober auf einen zugestürmt kommt und einen Tisch anbietet. Und noch etwas ist anders als in Deutschland: Amerikaner schneiden zuerst alles klitzeklein, was sich auf ihrem Teller befindet, legen anschließend das Messer zur Seite und piksen jeden Happen mit der Gabel auf. Das Schneiden und unmittelbar folgende „In-den-Mund-Stopfen" gilt als etwas unschick.

Das Glas Bier oder Wein zum Essen gibt es nicht in allen Restaurants. Der Restaurantbesitzer muss hierfür eine (recht teure) Lizenz kaufen, weswegen viele auf das Prinzip *BYO(B)* ausweichen (*„Bring Your Own Beverage"*). Sie bringen den Wein – Korkenzieher und Gläser gibt es im Restaurant. Wenn Sie nicht gerade ein gehobeneres Restaurant ausgesucht haben, mag Ihnen das Essen auch auf einem Pappteller serviert und die Servietten aus dem

Spender gezogen werden. Pappgeschirr gilt hier als völlig normal, und weil es so schön bequem („*convenient*") ist, gibt es tatsächlich auch Privathaushalte, die ausschließlich von Einweggeschirr und -besteck essen. Auch lieben es die Amerikaner, mit den Händen zu essen. Ein Pizzastück beispielsweise wird üblicherweise in der Mitte gefaltet und anschließend von oben genüsslich in den Mund geschoben. Eine Pizza mit Messer und Gabel zu essen? Undenkbar!

„*German Gemütlichkeit*" werden Sie auch in amerikanischen Restaurants übrigens vergebens suchen. Sobald Sie den letzten Bissen in den Mund gesteckt haben, wird die Bedienung an Ihrem Tisch erscheinen und Sie fragen, ob es denn noch etwas sein darf. Vielleicht können Sie ein Mal verneinen, aber wenn dieselbe Person drei Minuten später erneut vor Ihnen steht, sollten Sie dies als Signal sehen. Man möchte den Tisch gerne weiter „verkaufen" und Sie höflich auffordern zu zahlen...

Da die Angestellten eines Restaurants vom **Trinkgeld** leben, erwarten sie einen sogenannten „*tip*" in Höhe von mindestens 15, besser 20 Prozent der Rechnung. Das Bezahlen geht wie folgt: Der Kellner bringt die Rechnung in einer kleinen Mappe, woraufhin der Gast lediglich das Bargeld oder – viel häufiger – die Kreditkarte hineinlegt. Die Bedienung verschwindet diskret mit eben dieser Mappe und bringt sie kurze Zeit später zurück – dann mit einem Kreditkartenbeleg, den es zu unterschreiben gilt. Ein solcher Beleg hat auch immer eine Spalte für Trinkgeld, die man entsprechend ausfüllen kann. Eine Kopie ist für den Gast, die andere fürs Restaurant – fertig! A propos Trinkgeld: Dieses wird in den USA sehr großzügig vergeben. Ob nun Kellner, Frisör oder Taxifahrer – sie alle leben in der Regel zwar nicht ausschließlich, aber zu einem großen Teil vom Trinkgeld. Bei gutem Service sollten es schon 10 bis 20 Prozent der Rechnungssumme sein, die man als Gast hinterlässt. Ist es weniger als 10 Prozent, dann ist dies ein deutliches Zeichen für schlechten Service und wird manchmal mit einem mürrischen Gesicht quittiert. Kein Trinkgeld erhalten dagegen beispielsweise Handwerker oder Ärzte.

Während das Essengehen in den USA vergleichsweise teuer ist, kann man beim **Kleidungskauf** gehörig sparen. Bekleidung und Sportartikel kosten viel weniger als in Deutschland. Da Amerikaner nichts lieber tun als Geld auszugeben, gibt es unfassbar viele Geschäfte. Der Geschmack dürfte sich jedoch etwas von Deutschland oder Europa unterscheiden und die meisten europäischen Handelsketten sind in den USA unbekannt. Ausnahmen sind *Zara* und *H&M*, die es landesweit gibt.

Sie haben es wahrscheinlich schon geahnt – auch hier existieren Unterschiede zu Deutschland, vor allem in den Größenbezeichnungen. Im Internet finden Sie viele Seiten, die Ihnen die Umrechnung sehr bequem machen, und es lohnt sich, schon vor dem Shoppen einen Blick darauf zu werfen. Wer unvorbereitet einkaufen geht, der steht möglicherweise fragend vor den **Kleidergrößen**, denn diese unterscheiden sich von denen in anderen Ländern. Eine deutsche Frau, die Kleidergröße 38 trägt, muss demnach nach einer amerikanischen Größe M oder einer 8 Ausschau halten. Bei Kinderkleidung orientiert man sich hingegen einfach ungefähr am Alter des Kindes (die Größe 110 entspricht in etwa einer amerikanischen Größe 4-6). Und auch die Schuhgrößen werden anders angegeben.

Dieses Umrechnungs-Tohuwabohu setzt sich in so ziemlich allen anderen Bereichen fort, denn in den USA wird (außer im medizinischen Bereich) nicht im metrischen System gemessen. Häufig verwendete Maßeinheiten sind Zoll („*inch*"), Fuß („*foot*"), Schritt („*yard*"), Meile („*mile*"), Unze („*ounce*"), Pfund („*pound*") und Gallone („*gallon*"). Und die Temperatur wird nicht in Grad Celsius, sondern in Grad Fahrenheit gemessen.

Was das **Styling** angeht, so gehen die meisten Frauen regelmäßig zur Mani- und zur Pediküre. Mit unlackierten Fußnägeln im Sommer ins Freie zu treten, ist fast schon ein No-Go. Auch die Haare sitzen bei vielen top. „Unten herum" tut es dann wiederum meistens ein sportliches Outfit. Amerikanerinnen sehen oft aus, als gingen sie zum Sport. Tun sie aber nicht unbedingt. Es ist halt einfach bequem.

Wenn Sie in die USA kommen, vergessen Sie auch am besten alles, was Sie vom **Bankenwesen** in Europa gewohnt sind. Schnell und bequem vom Computer einzurichtende Daueraufträge? Fehlanzeige in den USA. Mal eben eine Online-Überweisung erledigen? Hm, nicht bei jeder Bank möglich. Online-Überweisungen werden häufig noch wie folgt ausgeführt: Nachdem der Auftrag bei der Bank eingegangen ist, stellt diese einen Scheck aus und schickt ihn per Post an den Geldempfänger. Aber es tut sich so langsam etwas! Viele Banken bieten an, Schecks einfach mit dem Smartphone abzufotografieren und so dem eigenen Konto gutzuschreiben (*„to deposit"*). Der Weg zur Bankfiliale wird also gespart. Apropos Scheck: Diese gelten hier als legitimes und sicheres Zahlungsmittel und sind täglich im Umlauf. Hohe Strafen warten auf denjenigen, der einen Scheck unberechtigt einlöst. Die Handwerker erwarten prompte Bezahlung und bleiben auf der Türschwelle stehen? Mit einem Scheck hat man schnell passend bezahlt. Die Miete an den Vermieter schicken? Einfach einen Scheck ausfüllen und in die Post stecken. Selbst die Kreditkartenrechnung kann per Scheck beglichen werden. Am besten lässt man sich schon beim Einrichten eines Kontos erklären, wie das Ausfüllen eines Schecks funktioniert. Was die Auswahl eines passenden Kontos angeht, so gibt es im Internet zahlreiche Leistungs- und Kostenvergleiche. Große Banken sind unter anderem die *Bank of America, Wells Fargo, HSBC, Citigroup, TD Bank* und *Chase.* Alle werden Ihnen jedoch als Konto einen *„checking account"* und einen *„savings account"* anbieten. Über ersteren laufen alle normalen Transaktionen und er gleicht einem normalen deutschen Girokonto. Letzterer ist eine Art Sparkonto, auf dem man sein Geld „parken" kann, das man gerade nicht auf dem *checking account* benötigt, denn auf dem Sparkonto gibt es (minimale) Zinsen.

Hin und wieder kann es passieren, dass eine Behörde Sie auffordert, Geld per *Money Order* zu überweisen. Im Prinzip handelt es sich hierbei um einen normalen Scheck, den man jedoch bei Banken, in Postfilialen oder sogar in einigen Supermärkten gegen eine geringe Gebühr kaufen kann. Da man das Geld sofort einzahlen muss, kann der Empfänger sicher sein, dass der Scheck auch gedeckt ist.

Das Thema **Kreditkarte** bietet abendfüllenden Stoff. Anders als in Deutschland handelt es sich in den USA tatsächlich um einen Kredit, der einem gewährt wird. Nach dem Bezahlen mit Kreditkarte erhält man am Monatsende eine Rechnung der entsprechenden Bank und wird aufgefordert, die Ausgaben per Scheck (oder mancherorts sogar schon online) an die Bank zu überweisen. Man muss jedoch nicht alles überweisen – angegeben ist ein Minimum, das jedoch auf jeden Fall zu begleichen ist. Den Rest lässt die Bank gern weiter als Kredit laufen, natürlich mit entsprechend hohen Zinsen. Auf der nächsten Monatsrechnung wird der noch nicht gezahlte Betrag erneut auftauchen – plus der in diesem Monat gemachten Ausgaben. Und mit einer Kreditkarte kann man in den USA wirklich alles bezahlen: Vom Einkauf im Supermarkt über die Stromrechnung bis hin zum Kaffee im Bistro an der Ecke. Die Krux: Als Europäer besitzen Sie in den USA keine *„credit history"*. Eine solche Kredithistorie, also der Beweis, dass Sie schon einmal einen Kredit in den USA aufgenommen und wieder zurückgezahlt haben (beispielsweise mit einer Kreditkarte...), ist jedoch Grundvoraussetzung dafür, eine Kreditkarte zu bekommen. Sind Sie mit einem renommierten und großen Unternehmen in die USA gekommen, bestehen wahrscheinlich bereits Verträge mit der einen oder anderen Bank und es ist kein Problem, eine Kreditkarte zu erhalten. Lehnen Banken hingegen das Ausstellen einer solchen Karte ab, bleibt nichts anderes übrig, als nach kleineren Banken zu suchen, deren Zinssätze für Kredite weit höher liegen, die aber nichts dagegen haben, Ihnen als „Neuling" eine Kreditkarte auszuhändigen. Der Amerikaner besitzt eine ganze Handvoll oder mehr Kreditkarten, ist bei einer das Limit erreicht, zückt er die andere, es ist sogar möglich, Beträge auf verschiedene Karten zu splitten. Das

Wort Sparen hingegen ist dem Amerikaner fremd, die New York Times versuchte einmal in einem Artikel ihren Lesern die Funktionsweise des guten deutschen Sparbuches zu erläutern!

Sie haben es bestimmt geahnt – auch in Sachen **Arztbesuch** läuft im Land der unbegrenzten Möglichkeiten vieles ganz anders ab als in Deutschland. Während es in Deutschland freie Arztwahl gibt, arbeiten die Ärzte in den USA meistens mit verschiedenen Krankenversicherungen zusammen, und wenn man nicht gerade alles aus eigener Tasche zahlen will, muss man sich vorher schlau machen, zu welchem Arzt in der näheren Umgebung man gehen darf. Immerhin: Als Expat haben Sie sehr wahrscheinlich eine passable Krankenversicherung in der Hinterhand, was viele Amerikaner – aus den unterschiedlichsten Gründen – nicht haben. Die meisten Expats dürfen sofort einen spezialisierten Arzt sehen, wenn sie dies möchten, und müssen nicht immer über den Hausarzt (*„family practicioner"* oder *„primary care physician"*) gehen. Genauere Infos stehen in Ihrem Versicherungsvertrag. Dennoch kann es natürlich sehr wichtig sein, sich einen Hausarzt zu suchen. Im Gegensatz zu Deutschland machen diese in den USA jedoch keine Hausbesuche. Für solche *„home visits"* gibt es in den USA je nach Region verschiedene Anbieter.

Wenn Sie medizinische Hilfe mitten in der Nacht oder am Wochenende benötigen, begeben Sie sich in den „emergency room" des nächstgelegenen Krankenhauses. Alternativ sind Sie bei *„urgent care"*-Anbietern gut aufgehoben. Diese finden sich recht flächendeckend, arbeiten mit den allermeisten Krankenversicherungen zusammen und bestechen durch flexiblere Sprechzeiten, auch an den Wochenenden.

Nicht alle Versicherten müssen ihn zahlen – viele aber schon: Zuzahlungen wie den sogenannten *„co-pay"* oder *„deductible"*. Diese sollen dafür sorgen, dass die Patienten nur bei wirklich wichtigen Fällen den Arzt aufsuchen. Ein Tipp: Haben Sie immer Ihre Sozialversicherungsnummer bei sich (am besten natürlich im Kopf), denn die müssen Sie auch beim Arztbesuch angeben (zumindest beim ersten Mal). Überhaupt werden Sie beim ersten Besuch eines Arztes einen Haufen Papierkram erledigen müssen. Wundern Sie sich auch nicht, wenn Sie immer erst von einer Krankenschwester („*nurse practitioner*") empfangen werden. In amerikanischen Praxen tummeln sich weitaus mehr Sprechstundenhilfen und Krankenschwestern als Sie das aus Deutschland gewohnt sein werden. Viele davon sind hervorragend ausgebildet und werden eine Reihe von Untersuchungen vornehmen, bevor der Arzt auch nur einen Blick auf Sie geworfen hat (Blutdruck messen, Spritzen geben...).

Sehr gewöhnungsbedürftig ist für viele Europäer der Umgang des Praxispersonals mit dem Thema **Scham**. Amerikaner zeigen sich nicht gern nackt, selbst bei Kindern dürfte die allgemeine Schamschwelle niedriger liegen als bei Altersgenossen in Deutschland und Europa. Muss man sich für eine Untersuchung ausziehen, erhält man vorher diskret ein typisches Krankenhauslaibchen zugesteckt, manchmal aus Stoff, manchmal aber auch aus Papier. Wird eine weibliche Patientin von einem männlichen Arzt untersucht, wird dieser peinlichst darauf achten, sehr behutsam und vorsichtig vorzugehen und seine Patientin vorher zu fragen, ob er beispielsweise den Pullover im Rücken etwas höher schieben darf, um sie ausreichend gut abhören zu können. Der Arzt möchte sichergehen, dass seine Patientin ihn nach der Untersuchung nicht wegen eines unsittlichen Verhaltens verklagen wird. Manche Ärzte sichern sich bereits im Vorhinein ab und bringen gleich eine Krankenschwester mit ins Untersuchungszimmer.

Rund eine Woche vor Ihrem Arztbesuch werden Sie in irgendeiner Form von der entsprechenden Praxis hören. Diese möchte entweder per Anruf, SMS oder E-Mail von Ihnen wissen, ob Sie auch wirklich den Termin wahrnehmen werden. Auch nach dem Besuch schicken Ihnen viele Ärzte eine E-Mail mit der Bitte, eine Rückmeldung zu ihrem Service zu geben.

Müssen Sie dennoch einmal der Notaufnahme eines Krankenhauses einen Besuch abstatten, machen Sie sich auf lange Wartezeiten gefasst. Sind Sie nicht gerade lebensbedrohlich verletzt, wird man Sie zunächst nach allen Regeln der Bürokratie aufnehmen und Ihnen ein Plastikarmbändchen mit Scancode verpassen, das Sie von nun an als Patienten ausweist. Sie werden dann zu einem kleinen Untersuchungszimmer begleitet und gebeten werden, ein typisches Krankenhauslaibchen anzuziehen. Gerade die Notfallmedizin der USA hat einen hervorragenden Ruf und sehr wahrscheinlich werden Sie erstklassig behandelt und erst dann wieder entlassen werden, wenn Sie wirklich ausreichend stabilisiert oder gar geheilt sind. Zum Abschluss wird das Sie behandelnde Team Ihnen Dokumente mit Empfehlungen für Sie oder Ihren Arzt mit auf den Weg geben.

Brauchen Sie einen Rettungswagen direkt vor Ort, rufen Sie die Telefonnummer 911 an und sprechen Sie direkt mit einem Mitarbeiter der nächsten Notfallstelle. Wundern Sie sich nicht, wenn kurze Zeit später ein Polizist vor Ihrer Tür steht. Viele Polizeibeamte haben ein spezielles Notfalltraining absolviert und sind einfach schneller an Ort und Stelle als ein Krankenwagen. Im Krankenwagen selbst (*„ambulance"*) arbeiten sogenannte *„paramedics"*, hoch ausgebildete Krankenpfleger oder -schwestern. Einem Notfallarzt werden Sie erst im Krankenhaus begegnen.

Stellt ein Arzt ein Rezept aus, tut er das meistens elektronisch und fragt Sie, an welche **Apotheke** (*„pharmacy"*) er es senden soll. Natürlich können Sie auch ein klassisches Rezept aus Papier haben, die meisten Amerikaner haben sich bei einer bestimmten Apotheke registrieren lassen, die dann für jedes Medikament die Abrechnung mit der jeweiligen Krankenkasse übernimmt (auch hier wartet also wieder jede Menge Papierkram beim erstmaligen Besuch). In der Apotheke selbst – im Übrigen meistens Bestandteil eines Supermarktes oder eines sogenannten *„drug stores"* wie *CVS*, *Walgreens* oder *Rite Aid* – gibt es einen *„drop off"*- und einen *„pick* *up*"-Schalter. Eigentlich ist es ganz einfach: Beim *drop off* gibt man das Rezept dem Apotheker in die Hand und beim *pick up* erhält man etwas später das Medikament. Viele Medikamente werden eigens für den Patienten abgefüllt und erhalten dessen Namen und die jeweiligen Anweisungen zur Einnahme. Auf der Verpackung findet sich zudem auch ein Hinweis, falls es einen *„refill"*, also ein Wieder-Auffüllen des Medikaments, gibt. Dann muss man später erneut zur Apotheke und sich die nächste Packung geben lassen.

Der Apotheker ist auch der richtige Ansprechpartner für alle frei verkäuflichen Medikamente. Und davon gibt es in den USA jede Menge. Viele davon sind in Deutschland verschreibungspflichtig – in den USA können Sie einfach ins Ladenregal greifen. In diesen *drug stores* können Sie nebenbei noch vom Shampoo über Toilettenpapier bis hin zu Lebensmitteln so ziemlich alles erstehen. Sogar Ihre Fotos können Sie dort ausdrucken lassen.

Manche Filialen unterhalten auch sogenannte *„minute-"* oder *„walk in"*-Kliniken. Gut ausgebildete Krankenschwestern stehen hier an sieben Tagen in der Woche bereit, kleinere Wehwehchen zu behandeln, Spritzen zu setzen, gegen die alljährliche Grippe zu impfen oder einen Blick auf chronische Krankheiten zu werfen.

Alternative Heilmethoden sind auch in Amerika stark im Kommen, und im Prinzip können Sie für jedes Medikament, das Sie aus Deutschland kennen, ein ähnliches in den USA finden. Homöopathische Heilmittel führen vor allem *Whole Foods*, diverse Nahrungsergänzungsmittelgeschäfte und Reformhäuser. Während die meisten Ärzte rein schulmedizinisch orientiert sind, sprießen ganzheitlich orientierte Praxen und auch Homöopathen langsam aber sicher auch hier aus dem Boden.

Das amerikanische **Gesundheitssystem** ist das teuerste der Welt, gilt aber als uneffektiv, bürokratisch und ungerecht. Der Gesundung des Volkes dient das viele Geld, das hier ausgegeben wird, nicht unbedingt. Anders als etwa im deutschen Gesundheitssystem gibt es keine Deckelung der Gesamtausgaben. Das führt dazu, dass ärztliche Behandlungen, Krankenhausaufenthalte und Medikamente mehr oder weniger so viel kosten können wie es Ärzte und Krankenhausverwaltungen für angemessen halten. Bei einem Blick auf die Rechnung könnte man meinen, es handele sich um Fantasiepreise. Das Nähen einer Platzwunde kommt auf 3000 Dollar, Schwangerschaft und eine Geburt ohne Komplikationen haben zusammen den Preis von 30.000 Dollar und an einem Tübchen Salbe zur Behandlung von Warzen verdient der Pharmahersteller 500 Dollar. Auch hängt es von Arzt zu Arzt und Krankenhaus zu Krankenhaus ab, was für die Behandlung verlangt wird. Die Kosten für eine Mammographie etwa schwanken zwischen 0 und 2800 Dollar, wie der Radiosender WNYC in einer Umfrage herausgefunden hat. Festpreise für Medikamente und ein Punktesystem, nach dem Ärzte zu festgelegten Preisen abrechnen müssen, oder Fallpauschalen für Krankenhausbehandlungen existieren nicht. Daran wird auch *ObamaCare*, die Reform von Präsident Barack Obama nichts ändern; diese wird lediglich dafür sorgen, dass das Heer der Unversicherten (zwischen 14 und 18 Prozent der Bevölkerung vor *ObamaCare*) bald eine Vorsorge besitzt – und dann auch Salben für 500 Dollar bekommt.

Wenn Sie mit einem **Tier** in die USA reisen, machen Sie sich auf höhere Tierarztkosten gefasst. Wie bei Humanmedizinern gilt auch hier, dass es keine Gebührenordnung gibt und jeder Arzt verlangen darf, was er möchte. Eine gute Tierversicherung macht auch durchaus Sinn. Wer möchte, kann sein Haustier bereits vor der Abreise mit einem Mikrochip versehen und sich unter www.homeagain.com registrieren lassen. Werden Hund und Mensch dann mal getrennt, können die Daten des Chips auch in den USA ausgelesen und das Tier seinem Herrchen zurückgebracht werden.

Den langen Flug in die USA treten Hund oder Katze je nach Größe entweder in der Kabine oder in einem eigenen Tierbereich im Frachtraum an. Unter Quarantäne muss das Tier in den USA nicht mehr gestellt werden, es sollte jedoch gegen Tollwut geimpft sein. Tierbesitzer haben es auch etwas schwerer, was das Mieten eines Hauses oder einer Wohnung angeht, denn viele Vermieter scheuen die Zusatzkosten, die durch ein Haustier entstehen könnten. Anders als in Deutschland, wo Krallenamputationen bei Katzen verboten sind, gehört diese hier zur Routine, denn Katzen sind in den USA Innentiere und mit einer solchen Amputation sollen unschöne Kratzspuren an Möbeln und Fußböden vermieden werden. Da es in den USA eine größere Vielfalt an Tierparasiten gibt, ist eine lückenlose Vorsorge hier besonders wichtig! Je nach Bundesstaat besteht zudem eine Registrierungspflicht für Hunde und Katzen sowie eine Leinenpflicht für Bello.

Besonders auf Hundebesitzer warten in den USA allerhand Kuriositäten. Es gibt Hundepensionen und -kindergärten mit Hundevideos und Herrchen-Webcams, Kunstrasen-Pinkel-Teppiche für den Balkon, einen buchbaren Spaziergeh-Service sowie einen Hunde-Frisör. Und wer möchte, kann seinen vierbeinigen Liebling mit einem der zahlreichen Weihnachtsmänner ablichten lassen, die zur Weihnachtszeit die Einkaufszentren bevölkern.

Kommen wir zum **Straßenverkehr**. Amerikaner mögen es bekanntlich etwas größer und geräumiger. Das gilt natürlich auch für ihre Autos. Von innen sehen sie fast wie Wohnzimmer aus. Da gibt es weich gepolsterte Sitze, einen DVD-Player und Getränkehalter an jeder Ecke. Platz ist natürlich auch jede Menge da. Da die Benzinpreise weit niedriger sind als in Deutschland, interessiert es Amerikaner in der Regel herzlich wenig, ob ihr mittelgroßes Schiff viel oder wenig davon verbraucht. Es gibt zwar immer mehr kleinere und sparsamere Autos, doch die Durchschnittsfamilie ist üblicherweise in einem Honda Odyssey, einem Toyota Sienna oder einem Nissan Quest unterwegs. Lustigerweise heißen diese Fahrzeuge tatsächlich „*Mini-Vans*". Und da das Leasen in den USA ebenfalls viel günstiger ist, sind die meisten Autos eben nicht bar bezahlt, sondern gehören zum Großteil dem verleasenden Autohaus. Nach drei oder vier Jahren gibt es dann einfach einen neuen Wagen.

Auch für Expats kann die Leasingvariante eine gute Alternative zum Autokauf sein. Das Autohaus übernimmt alle Inspektionen und Reparaturen und am Ende der Auslandszeit bleibt einem das Wiederverkaufen erspart. Wobei es sich lohnt, Angebote zu vergleichen, denn jedes Autohaus macht seine eigenen Preise.

Wollen Sie lieber ein (gebrauchtes) Auto kaufen, so gibt es die Möglichkeit, von einem Händler ein „certified pre-owned/used car" zu bekommen. Hierbei handelt es sich um ein jüngeres Modell, das vom Autohaus bereits gründlich durchgecheckt wurde und das noch über eine wie auch immer geartete Form von Garantie verfügt. Kauft man von privat, erlischt natürlich jede Gewährleistung durch den Verkäufer. Scheuen Sie sich nicht, den Ausgangspreis als Verhandlungsbasis anzusehen und zu verhandeln. Das ist beim Autokauf durchaus üblich!

Das Autohaus übernimmt dann alle weiteren Formalitäten und meldet das Fahrzeug bei der zuständigen Behörde, dem *Department of Motor Vehicles* (DMV), an; das amtliche Kennzeichen wird kurze Zeit später zugestellt.

Als Käufer sollten Sie sich jedoch vorher überlegen, welche Versicherung Sie gern nutzen möchten. Eine kleine Handvoll US-Staaten verzichtet zwar auf eine Versicherungspflicht, allerdings kann es bei einem Unfall mit Personenschaden schnell in die Millionensummen gehen.

Große Versicherungsanbieter sind beispielsweise *GEICO, Allstate, State Farm, Farmers, Progressive* oder *Esurance*. Rufen Sie einfach an, geben Sie die VIN (Fahrzeugidentifizierungsnummer) durch und recht schnell werden Sie ein Versicherungsangebot in Händen halten. Da Sie noch keine oder kaum Fahrerfahrung in den USA haben, ist leider die Wahrscheinlichkeit groß, dass man Sie ordentlich zur Kasse bitten wird. Der Beitrag sinkt jedoch für gewöhnlich nach ein paar Monaten nochmals deutlich. Und auch hier gilt: Angebote vergleichen lohnt sich!

Bei der Wahl der **Versicherungspolice** sollte man auch den Umfang des jeweiligen Schutzes beachten. Sie selbst haben es in der Hand, wie hoch die Deckung im Schadensfall ist. Und natürlich bestimmt dies über die Höhe Ihres Versicherungsbeitrages. Folgende Teile sind in der Regel Bestandteil jeder Versicherung:

* Haftpflicht (*„liability coverage"*) – Diese wird gesplittet in *„bodily injury"* (Personenschaden) und *„property damage"* (Sachschaden). In aller Regel weist eine amerikanische Haftpflichtversicherung weitaus geringere Deckungsbeiträge aus als aus Deutschland gewohnt.

* *„full coverage"* – bestehend aus *„collision"* (Vollkasko) und *„comprehensive"* (Teilkasko)

* *„uninsured/underinsured motorist coverage"* – Sollten Sie jemals einen Unfall mit einer Person haben, die nur ungenügenden Versicherungsschutz hat, so bezahlt Ihre Versicherung die Differenz zu den notwendigen Behandlungs- und Heilmethoden.

* *„rental coverage"/„loss of use"* – Sollte Ihr Fahrzeug aufgrund eines Unfalls zur Reparatur sein, übernimmt die Versicherung die Kosten für einen Mietwagen.

* *„gap coverage"/„loan/lease payoff coverage"* – Dieser Teil ist besonders wichtig, wenn Sie sich für ein Leasingfahrzeug entscheiden. Die Versicherung übernimmt im Fall des Falles die Lücke (*„gap"*) zwischen der Summe, die Sie dem Leasingpartner schulden und dem Wert, den das Auto nach einem Totalschaden (oder auch Diebstahl) hat.

* *„towing"/„roadside assistance"* (Abschleppen oder Pannenhilfe)

* *„personal property"* – schützt beispielsweise ein Navigationsgerät, wenn es bei einem Unfall beschädigt oder gestohlen wird.

Der Versicherungsnachweis gehört – ebenso wie der Versicherungsschein („*registration card*") – ins Handschuhfach des Wagens.

In vielen Bundesstaaten müssen Sie schon bald nach Ihrer Ankunft den amerikanischen Führerschein machen. In aller Regel können sie ein halbes Jahr noch mit Ihrem deutschen Führerschein fahren, dann sollten Sie sich einen amerikanischen holen. Selbst wenn Sie nur selten vorhaben Auto zu fahren, werden Sie ihn brauchen: Er gilt in den USA als wichtigstes Ausweisdokument, das man bei vielen Gelegenheiten sehen will (vergleichbar dem deutschen Personalausweis).

Zunächst müssen Sie beim zuständigen DMV einen Antrag auf Zulassung zur Prüfung stellen. Anschließend werden Sie gebeten, einen theoretischen Test zu absolvieren. Lassen Sie sich nicht täuschen: Dieser hat es in sich, und ohne Vorbereitung stehen die Chancen hoch durchzufallen. Daher empfehlen wir die Vorbereitung auf diesen Test mit Hilfe von kostenlosen Handbüchern, die beim zuständigen Amt ausgegeben werden oder sich von der jeweiligen Webseite herunterladen lassen. Je nach Bundesstaat steht nun noch eine praktische Fahrprüfung (in der Regel auf einer Art Übungsgelände) an. Zum Schluss wird man fotografiert und es wird ein Fingerabdruck genommen.

So sehr Amerikaner bequeme und große Fahrzeuge lieben, so sehr mögen sie es auf der Straße eher gemütlicher. Deutsche Aggressivität, vielleicht auch noch mit Lichthupe, ist hier eher fehl am Platz. Zwar träumt der Amerikaner gerne von „*the German Autobahn*", wo er mal so richtig drauflosrasen darf (in den USA gelten auf den Highways Tempolimits, je nach Bundesstaat unterschiedlich, das Maximum ist 75 mph). Also „cruist" man eher gemütlich und kommt entsprechend auch stressfreier an. Aufgrund der überwiegenden Automatikgetriebe geht das Anfahren an einer Ampel eher gemächlich vonstatten. In vielen Bundesstaaten ist übrigens das

Überholen auf der rechten Spur und das Abbiegen an einer roten Ampel erlaubt.

In manchen Gegenden ist es nichts Ungewöhnliches, mehrere Stunden mit dem Auto zu fahren, um den Wocheneinkauf zu erledigen. Und viele Amerikaner pendeln täglich bis zu mehreren Stunden zwischen ihrem Wohnort und der Arbeitsstelle, weswegen es generell angezeigt ist, die Rush Hour zu meiden! Manche Bundesstaaten haben speziell für die Stoßzeiten die *„high occupancy vehicle lanes"* eingeführt, eine Straßenspur, auf der nur Autos fahren dürfen, die mindestens zwei Insassen haben. Ziel ist, einen Anreiz für Fahrgemeinschaften zu schaffen, da man auf diesen Spuren wesentlich schneller vorankommt.

Auch die berühmten *„drive in"*-Schalter werden Sie nicht nur bei Schnellrestaurants antreffen, auch Banken, Apotheken und Reinigungen bieten diesen Service an.

Der Amerikaner lebt also quasi in seinem Auto, er besteigt es am Morgen bequem über die vom Haus aus erreichbare Garage, einen Coffee to go in der Hand, steigt nur, wenn es absolut notwendig ist, aus (etwa bei der Arbeit und im Supermarkt) und kehrt dann auf demselben Wege – Garage auf, parken, durch die Hintertür ins Haus hinein – zurück. Er scheut sich auch nicht, selbst geringe Entfernungen mit dem Auto zurückzulegen. Zwar ist vor allem in Nähe von Großstädten das **Nahverkehrssystem** besser ausgebaut als gedacht, aber da Parkplätze keinen Seltenheitswert haben und es per pedes nicht immer ganz ungefährlich ist, greifen die meisten auf das Auto zurück.

In den Bundesstaaten Oregon und New Jersey müssen Sie zudem im Auto sitzen bleiben, während ein Tankwart für Sie die Arbeit erledigt und sogar noch die Windschutzscheibe putzt (der *„self-service ban"* stammt aus dem Jahr 1949 und wird aus dem einfachen Grund nicht aufgehoben, weil er Zehntausenden Menschen Arbeit verschafft).

Sollten Sie während des Fahrens ein Polizeiauto mit Sirene und Blaulicht (in den USA eher Rot-Weiß-Blau-Licht) hinter sich erblicken, so heißt es, rechts ran zu fahren und anzuhalten. Hält der Polizist genau hinter Ihnen, so können Sie sicher sein, dass er auch wirklich Sie gemeint hat. Ruhig Blut, heißt es jetzt, und zunächst die Hände unbedingt am Steuer lassen, damit der Beamte beim Näherkommen sieht, dass Sie nicht etwa eine Waffe zücken wollen. Man wird Sie nun auffordern, Führerschein, Versicherungsnachweis und Zulassung auszuhändigen, welche der Polizist umgehend überprüfen wird. Diskutieren ist im Übrigen ziemlich zwecklos und auch kontraproduktiv. Sollten Sie sich im Recht fühlen, können Sie später bei einem Gericht vorsprechen und den Fall erklären. Haben Sie sich im Straßenverkehr falsch benommen, erhalten Sie nun einen Strafzettel (*„ticket"*) ausgehändigt. Die Strafe können Sie anschließend meistens sogar online überweisen. Hier finden Sie auch die Adresse des zuständigen Gerichts, bei dem Sie vorsprechen dürfen.

Welche **Versicherungen** neben der Autoversicherung sind noch sinnvoll?

An erster Stelle steht da natürlich eine gute Krankenversicherung (*„health insurance"*). Wie bereits oben erwähnt: Es gibt es keine festgeschriebenen Kostensätze und Ärzte und Krankenhäuser dürfen ihre Behandlungen individuell in Rechnung stellen. Dies erklärt, warum Heilbehandlungen in den USA sehr viel mehr kosten als in anderen Ländern. Hat man keine gute Versicherung und wird ernsthaft krank oder hat einen Unfall, steht man schnell vor finanziellen Problemen. In den meisten Fällen werden Expats von ihren Arbeitgebern jedoch mit guten Krankenversicherungen ausgestattet. Oft wird hierbei auf einen Gruppentarif zurückgegriffen, der gute Leistungen und günstige Beiträge garantiert. Ob der Arbeitgeber die gesamten Kosten für die Versicherung übernimmt oder sie dem Angestellten in Rechnung stellt, ist durchaus verschieden. Wer auf eigene Faust für ein paar Jahre in die USA kommt, kann entweder über seinen Arbeitgeber in einer amerikanischen Gesellschaft versichert werden oder bereits in Deutschland eine Auslandskrankenversicherung abschließen. Letztere gibt es mit oder ohne zeitliche Limits – je nachdem, wie lange man bleiben möchte.

Viele Verträge beinhalten jedoch keine Zahnbehandlungen, eine solche Versicherung ist ggf. gesondert abzuschließen.

Und je nach Vertrag unterschiedlich ist auch, ob man beim Arztbesuch einen *„co-pay"*, also eine Zuzahlung, leisten muss – ein Versuch der Versicherungen, die Kosten möglichst gering zu halten.

Sollten Sie ein Haus oder ein Apartment mieten, dann gehört ganz sicher eine Mieterversicherung (*„renters insurance"*) in Ihr Portfolio. Eine solche schützt vor allem Ihr Eigentum vor Diebstahl oder auch vor Schäden durch einen Brand oder eine Naturkatastrophe. Sie springt in aller Regel auch im Fall eines Wasserschadens ein und bezahlt die Kosten, falls sich ein Besucher in Ihren vier Wänden verletzt.

Wenn Sie ganz auf Nummer sicher gehen wollen, schließen Sie eine sogenannte *„Umbrella"-Versicherung* ab. Sie schützt den Versicherungsnehmer wie ein Regenschirm (*umbrella*) und kommt mit ihrer sehr hohen Deckungssumme da zum Einsatz, wo eine Auto- und eine Mieterversicherung an ihre Grenzen stoßen. Eine Umbrella-Versicherung wird jedoch nur in Zusammenhang mit einer Kfz-Versicherung verkauft.

Eine bezahlbare Rechtsschutzversicherung zu bekommen, gleicht hingegen einem Sechser im Lotto. Wie wohl jeder weiß, werden Rechtsstreitigkeiten in den USA schnell teuer, weswegen Versicherungsunternehmen für einen solchen Schutz besonders zur Kasse bitten.

Sport wird in den USA sehr groß geschrieben! Schon die Kleinsten gehen zum Turnen oder ins Ballett. Und größere Kinder träu-

men von Baseball, Football und Basketball. Kein Wunder, denn
wer eines der begehrten Sportstipendien für ein College oder eine
Universität bekommt, dem wird ein Großteil der teuren Studiengebühren erlassen. Während viele Amerikaner durchaus selbst
sportlich aktiv sind, betätigt sich der überwiegende Teil gern als
Zuschauer. Sportveranstaltungen sind Events, die man sich nicht
entgehen lassen sollte. Vor allem American Football, Basketball
und Baseball eignen sich sehr gut als Familienausflug, denn neben
dem reinen Spiel gibt es auch drumherum allerhand zu entdecken.
Zum Beispiel die *„tailgate party"*. Bereits Stunden vor Beginn des
Spiels strömen die Menschen in Richtung Stadion – gehen aber
nicht hinein, sondern veranstalten auf dem Parkplatz ein Picknick.
Das *„tailgate"* ist die Heckklappe des Autos, und von dort aus wird
serviert und gegrillt, daher der Name. *„Tailgating"*, so das dazugehörige Verb, ist mindestens so wichtig wie das sportliche Ereignis
selbst.

Der Gewöhnung bedarf dagegen die Einteilung der **Umkleide-
räume**. Zwar gibt es natürlich die Einteilung in Männlein und
Weiblein, doch darüber hinaus ist strikt geregelt, in welche Um-
kleide beispielsweise die Tochter mit dem Vater gehen darf (sofern denn nicht extra auch Familienumkleiden vorhanden sind).
Amerikaner haben ein anderes Empfinden gegenüber Nacktheit.
Selbst in einer beispielsweise reinen Damenumkleide können sich
andere Frauen schnell von jemandem gestört fühlen, der plötzlich
barbusig dasteht. Daher bitte immer allein schon aus Respekt eine
Kabine benutzen, wenn eine solche zur Verfügung steht. Auch in
der Sauna behält man ein Handtuch um oder trägt Badebekleidung – dies gilt sowohl für Frauen als auch für Männer.

Schon kleine Kinder genieren sich schnell. Damit beim Spielen
kein Wäschestück hervorschaut, haben Röcke meistens eine ein-
genähte Hose oder tragen Mädchen Leggings unter einem Kleidchen. Auch wenn es im Sommer noch so heiß ist, es ist ein No-No,

Kinder nackt im Garten herumlaufen und durch den Rasensprenger hüpfen zu lassen.

Besondere Etikette gilt auch bei der Auswahl der **Badebekleidung**. „Oben ohne" ist sehr verpönt, am Strand umziehen ist ebenfalls tabu und Männer tragen knielange Badeshorts. Knappe und enge Badehosen (*„speedys"* genannt) ernten abfällige Blicke.

Bezüglich des **Entertainments** darf es in den USA etwas greller und lauter zugehen. Fernsehen ist eine beliebte und anerkannte Freizeitbeschäftigung und viele Amerikaner können aus über Hunderten von Programmen wählen (und kaufen sich nicht selten nochmal ein Paket mit weiteren hundert dazu). Man geht gern ins Kino und in Freizeitparks oder verspielt Geld in Spielhallen (*„arcades"* – gibt es auch schon für Kinder!). Amerikaner hassen Langeweile oder Müßiggang und verplanen entsprechend gern ihre Zeit schon weit im Voraus. Man verabredet sich zum Bowling, zum Besuch eines Konzerts oder zu einem gemeinsamen Restaurantbesuch. Entgegen der landläufigen Meinung sind viele Amerikaner auch Outdoor-Fanatiker. Wandern, Campen, River Rafting, Angeln, Jagen – hier ist fast alles möglich und erlaubt!

Staatliche **Feiertage** in den USA müssen nicht unbedingt arbeits- und schulfrei sein. Die zehn Feiertage lauten wie folgt:

- New Year's Day (1. Januar)

- Martin Luther King Day (dritter Montag im Januar)

- President's Day (dritter Montag im Februar)

- Memorial Day (letzter Montag im Mai)

- Independence Day (4. Juli)

- Labor Day (erster Montag im September)

- Columbus Day (zweiter Montag im Oktober)

- Veterans Day (11. November)

- Thanksgiving (vierter Donnerstag im November)

- Christmas Day (25. Dezember)

Bundesweit arbeitsfrei sind darunter lediglich *New Year's Day*, *Memorial Day*, *Independence Day*, *Labor Day*, *Thanksgiving* und *Christmas Day*. An den anderen Feiertagen bleiben mancherorts auch Schulen und Postämter sowie Ämter und Regierungsstellen geschlossen. Man braucht jedoch keine Angst zu haben, an einem dieser Tage vor verschlossenen Ladentüren zu stehen! Die meisten Geschäfte haben auch an diesen Tagen wie gewohnt geöffnet.

Da Amerikaner in der Regel mit wenig Urlaub durchs Jahr gehen müssen, werden Feiertage verständlicherweise hoch geschätzt. Vor allem in den Sommermonaten werden diese für ein verlängertes Wochenende genutzt und man verreist.

Mit dem *Memorial Day* wird offiziell der Sommer in den USA eingeläutet. In den nördlicheren Bundesstaaten öffnen die Freibäder und in vielen touristischen Gegenden beginnt die Hauptsaison. An diesem Tag gedenkt das Land seiner Kriegsgefallenen und vielerorts finden Paraden und Gedenkfeiern statt. Kurz nach *Memorial Day*, spätestens aber um den 20. Juni herum, endet für die Kinder das Schuljahr und die für gewöhnlich sehr langen Ferien (mindestens zehn Wochen) stehen vor der Tür. Diese Sommerferien werden als etwas ganz Besonderes betrachtet. Die Familien unternehmen viel gemeinsam, fahren Verwandte besuchen oder ans Meer, vertreiben sich die Zeit mit einem Limonadenstand vorm Haus, gehen picknicken oder ins Schwimmbad. Problematisch wird das Ganze, wenn beide Elternteile arbeiten – was in vielen Familien der Fall ist. Dann muss die Zeit anderweitig überbrückt werden, etwa mit *„summer camps"*, aber dazu später mehr im Schulkapitel.

Ein weiterer Höhepunkt des Jahres ist der Unabhängigkeitstag, der *Independence Day*, am 4. Juli. Auch hier wird mit patriotischen Paraden zünftig gefeiert und am Abend steigen überall riesige Feuerwerke, begleitet von Live-Musik, Picknicks und Menschen, die in den amerikanischen Nationalfarben gekleidet sind.

Das Ende des Sommers markiert der *Labor Day* Anfang September, der Tag der Arbeit. Kinder gehen anschließend wieder zur Schule und Arbeitnehmer wieder etwas ernster ihrem Tagwerk nach.

Zwar kein offizieller Feiertag, aber dafür der beliebteste Tag des Jahres für viele junge und jung gebliebene Amerikaner ist Halloween am 31. Oktober. Schon ein paar Wochen vorher werden mehr oder weniger gruselige Dekorationen, Särge, abgeschnittene Köpfe und Skelette an den Häusern und in den Vorgärten angebracht, und vor allem die Kinder können es nicht erwarten, endlich in ihrem Lieblingskostüm auf Süßigkeitenjagd zu gehen. Da es im Übrigen in den USA das bei Deutschen beliebte Fasching oder Karneval nicht gibt, ist Halloween DIE Gelegenheit für die Kinder, sich ein Kostüm auszusuchen. Am frühen Abend ist es dann soweit und Scharen von Kindern machen sich auf den Weg von Haus zu Haus und drohen mit *„trick or treat"*.

Als DER Feiertag schlechthin dürfte Thanksgiving gelten. Dieses Fest wird von allen gefeiert, ganz egal welcher Herkunft oder Religion. Der Mittwoch vor Thanksgiving ist der Tag mit dem höchsten Reiseaufkommen des ganzen Jahres, denn üblicherweise kommt an diesem Fest die ganze Familie an einem Ort zusammen. Thanksgiving ist dem europäischen Erntedankfest ähnlich, jedoch weitaus weltlicher. Es hat seine Ursprünge in einem Fest, das die ersten Pilger für die Ureinwohner ausgerichtet hatten – als Dank, dass diese ihnen über den Winter halfen. Jede Familie pflegt ihre eigenen Thanksgiving-Traditionen. Es ist jedoch sehr verbreitet, dass jedes Familienmitglied an diesem Tag seinen Dank für etwas ausdrückt. Undenkbar wäre Thanksgiving ohne Festgelage, das meistens aus einem Truthahn und diversen Beilagen wie Süßkartoffeln und *„Cranberry"*-Soße besteht. Zum Nachtisch gibt es einen Apfel- oder Kürbiskuchen. Der Freitag nach Thanksgiving steht ganz im Zeichen des Konsums. Schon um Mitternacht campieren die ersten Kaufwütigen an diesem *„Black Friday"* vor den großen Einzelhandelsketten, um die besten Schnäppchen zu machen. Wer die Menschenmassen nicht scheut, kann an diesem Wochenende bereits günstige Weihnachtsgeschenke einkaufen. Die besten Online-Deals gibt es am darauffolgenden Montag, dem *„Cyber Monday"*. Viele Amerikaner nehmen sich gleich das gesamte Wochenende frei.

Thanksgiving läutet gleichzeitig auch die *„holidays"* oder die *„season"* ein – eine Reihe von Feiertagen, die mit dem Neujahrstag endet. Jetzt wird die kitschige Weihnachtsdeko von den Dachböden geholt und die Häuser erstrahlen mit schrillen, bunt blinkenden Weihnachtsmännern. Der Advent an sich ist den Amerikanern zwar geläufig, Adventskerzen werden hierzulande jedoch nicht angezündet. Und den Nikolaus sucht man in den USA auch vergebens. Dafür vermehrt sich auf wunderliche Weise der Weihnachtsmann und zeigt sich landauf, landab in den Einkaufsmalls. Geduldig sitzt er in großer Hitze mit Bart und rotem Mantel in einem Ohrensessel und lässt sich Kind um Kind, alle festlich gekleidet in Kleidchen und mit Krawatte, zwecks eines gemeinsamen Fotos auf den Schoß setzen.

Anders als in Deutschland gibt es an Weihnachten nur EINEN Feiertag, den *„Christmas Day"*, also den ersten Weihnachtsfeiertag bei uns. An Heiligabend gehen viele Amerikaner zwar in die Kirche und kommen zu einem familiären Abendessen zusammen, die Geschenke gibt es jedoch erst am nächsten Tag, der dann natürlich auch arbeitsfrei ist. Üblicherweise stellen die Kinder an Heiligabend vor dem Schlafengehen ein paar Kekse und ein Glas Milch zur Stärkung für Santa Claus an den Kamin. Denn der muss sich der Überlieferung nach ja durch einen solchen hindurchquetschen, wenn er die Geschenke abladen will. Und natürlich sind die Kinderaugen groß, wenn am nächsten Morgen nur noch Krümel auf dem Teller zu sehen sind! Am Morgen des Weihnachtstages werden also in den USA traditionell die Geschenke ausgepackt. In vielen Wohnzimmern hängen lange Socken (*„Christmas Stocking"*) am Kamin, in denen verschiedene Kleinigkeiten und Süßigkeiten stecken. Anschließend besucht man Freunde und kommt zum nächsten Festschmaus zusammen. Bezüglich des *„dresscodes"* darf es hier ruhig etwas festlicher zugehen! Im Übrigen lieben es die Amerikaner, selbstgemachte Weihnachtskarten zu versenden. Die meisten gestalten sie bei diversen Online-Anbietern selber und drucken aktuelle Familienfotos ab.

Eher inoffizielle Feiertage sind der Valentinstag am 14. Februar und *St. Patrick's Day* am 17. März. Vor allem der Valentinstag lässt die Kassen klingeln, denn es ist schon fast Pflicht, seiner oder seinem Liebsten eine kleine Überraschung mitzubringen. Falls Sie Kinder haben, denken Sie rechtzeitig an einen Babysitter oder daran, das Lokal Ihrer Wahl zu reservieren – der Andrang rund um diesen Tag ist groß! In den Schulen werden *Valentine Partys* gefeiert und jedes Kind bringt kleine Kärtchen mit und steckt sie den anderen Kindern ins Postfach. Keine Angst, diese gibt es in Supermärkten schon Wochen vorher zu kaufen und wer nicht will, muss auch nichts selber basteln. Ganz wichtig aber: Für jedes Kind in der Klasse muss es ein Kärtchen geben, im auf Gleichheit bedachten Amerika darf hier niemand übergangen werden, auch wenn die Kinder erklären, den oder die fänden sie nun wirklich doof.

Am 17. März leuchtet das ganze Land dann in Grün. Irische Einwanderer brachten diesen Feiertag aus ihrer Heimat mit. Seitdem feiert hier jeder, der halbwegs irische Wurzeln hat, kräftig. Sogar Flüsse werden grün gefärbt und auf den landesweiten Paraden geht die Post ab! Sie werden kaum jemanden finden, der an diesem Tag nicht wenigstens ein grünes Kleidungsstück oder Accessoire trägt.

Nicht nur an den Feiertagen – praktisch jeden Tag zelebriert der Amerikaner sein Abendessen, sein **Dinner**. Zum Frühstück gibt es Cornflakes, arme Ritter oder Schinken mit Eiern, mittags meistens nur ein Sandwich, einen Salat oder einen Burger. Für das Abendessen hingegen nimmt man sich Zeit, die ganze Familie kommt zusammen und es wird reichlich aufgetischt. Nicht immer wird alles frisch gekocht, Tiefkühlessen oder Fertiggerichte sind schließlich sehr beliebt und Amerikaner sind viel zu beschäftigt, um in Ruhe ein Essen vorzubereiten. Aber die Zeitschriften sind voll mit Rezeptvorschlägen für schnelle und schmackhafte Abendessen. Und ein Nachtisch gehört natürlich auch dazu! Das *dinner* ist die Zeit, in der alle Familienmitglieder von ihrem Tag berichten und miteinander ins Gespräch kommen.

Wer sich nach dem Essen fragt: In welchen Müll kommt eigentlich diese oder jene Verpackung? Und was passiert mit Flaschen und Zeitungen? Nun, dies wird – wie so vieles in den USA – von Staat zu Staat, ja teilweise von Stadt zu Stadt unterschiedlich gehandhabt. Es gibt sie also schon, die **Mülltrennung**. Auch sind Annahmestellen für Sondermüll keine Seltenheit und viele Apotheken nehmen abgelaufene Medikamente an. Pfandflaschen gibt es jedoch beispielsweise nur in wenigen Bundesstaaten. Dafür jedoch Abfallbehälter für normalen und für Recyclingmüll in vielen Großstädten. Gartenabfälle bringt man auf die eigens dafür vorgesehenen *„service areas"*. Und Sperrmüll (*„bulk"*) stellt man oft einfach so an die Straße und informiert vorher kurz das Müllunternehmen. Mancherorts wird Sperrmüll von ein Mal im Monat bis zwei Mal im Jahr kostenfrei abgeholt. Und anderswo wiederum fährt man zur Deponie, lässt sein Auto vor und nach dem Abladen wiegen und zahlt dann eine entsprechende Gebühr.

Am Tag vor der Sperrmüll-Abholung fahren so manche Leute mit ihrem Pickup durch die Straßen und hoffen auf einen guten Fang. Und oft machen sie auch einen, denn Amerikaner kaufen sich gern neue Dinge und stellen die alten, durchaus noch gut erhaltenen Stücke vor die Tür.

2.3   Mit Kindern in die USA reisen

2.3.1   Was Sie über Kinderärzte, „Potty Training" und Helikopter wissen sollten

Der Spaß beginnt schon nach der Landung: Wie bringen wir den Kleinen oder die Kleine am besten im Auto unter? Abenteuerlustige Taxifahrer nehmen die lieben Kleinen gern schon auch mal ohne passenden **Autositz** mit. Ist nicht ganz legal, in New York City aber beispielsweise an der Tagesordnung. Kein Elternpaar schleppt dort den ganzen Tag einen passenden Kindersitz mit sich herum, für den Fall, dass man am Ende des Tages eben nicht die U-Bahn, sondern ein Taxi nach Hause nimmt.

Grundsätzlich gilt: Deutsche Kindersitze sind für Deutschland und die EU zugelassen – für die USA jedoch nicht! Es empfiehlt sich bei einem längeren Aufenthalt definitiv der Kauf eines passenden Sitzes. Die ganz Kleinen reisen hier in einer Babyschale (*„infant car seat"*), wie anderswo eben auch. Interessant ist, dass in diesem Autofahrerland viele Kinder ganze Stunden in einer solchen Schale zubringen. Sie werden nicht nur im Auto transportiert, sondern anschließend auch problemlos auf einen Kinderwagen montiert.

Sind die Babys ihrer Schale entwachsen, werden sie in einen *„convertible"* gesetzt, der das Kind mit einem 5-Punkt-Gurt schützt.

Ab vier Jahren ist das Kind groß genug für einen *„booster seat"*, also lediglich eine Sitzerhöhung. Angeschnallt wird es mit dem normalen Sitzgurt.

Nun gibt es natürlich zahlreiche große Hersteller von Kindersitzen, darunter *Britax, Maxi Cosi* und *Graco*. Allgemein empfohlen und teilweise sogar gesetzlich vorgeschrieben ist der Transport eines Kindes bis zum Alter von acht Jahren auf dem Rücksitz. Ebenfalls empfohlen wird, das Kind aus Sicherheitsgründen so lange wie möglich „rückwärts", also mit der Blickrichtung nach hinten, fahren zu lassen.

Mal eben schnell bei der Post reinspringen und den Kleinen im Auto lassen, weil er gerade so schön schläft? In den USA keine gute Idee! Nicht nur, dass es in vielen Bundesstaaten vor allem im Sommer brütend heiß werden kann und dies das Leben Ihres Kindes bedroht – es ist schlicht und einfach verboten. Das bedeutet, dass Sie Ihr Kind auch wirklich bei jedem noch so kleinen Weg aus dem Auto hieven müssen. Tun Sie das nicht, kann das vor Gericht enden, wo Sie erklären müssen, dass Sie Ihre Erziehungspflichten erfüllen. Hier kennt der Amerikaner, vor allem der polizeiliche, keinen Spaß.

Wenn Sie Kinder haben, suchen Sie sich schnellstmöglich nach Ihrer Ankunft einen guten **Kinderarzt**, einen *„pediatrician"*. Ähnlich der U-Untersuchungen in Deutschland sind auch in den USA regelmäßig Vorsorgeuntersuchungen nach bestimmtem Muster festgelegt. Um genau zu sein, übernahm Deutschland vor geraumer Zeit das amerikanische Modell dieser *„well visits"* oder *„physicals"*. Ihr Kinderarzt wird Ihr Kind sprichwörtlich auf Herz und Nieren prüfen, vielleicht sogar genauer und umfangreicher als Sie das von Ihrem deutschen Arzt gewohnt sind. Amerikanische Kinderärzte sind sehr schnell mit Antibiotika zur Stelle. Homöopathie oder Naturheilmittel nehmen diesbezüglich hingegen erst langsam Fahrt auf. Schuld daran ist auch die Erwartungshaltung der Eltern: Wer viel Geld für eine Krankenversicherung aufbringen oder ganztags arbeiten gehen muss, der verlangt, dass der Arzt sein Kind auf dem schnellsten Weg gesund „macht". Für „Experimente" hat hier niemand Zeit und Geld. Sollte sich Ihr Kind nicht wie erwartet entwickeln, also beispielsweise mit 18 Monaten noch nicht laufen oder sprechen wollen, greift eine ganze Maschinerie von weiteren Institutionen wie Krankengymnastik oder Logopädie, der man sich nur schwer entziehen kann. Amerikanische Eltern legen in der Mehrzahl Wert darauf, dass ihr Kind schon früh mit anderen mithält. Der Grund hierfür ist einfach: Nur der mit den besten Noten und dem besten Schulabschluss wird später von einer renommierten Universität genommen und kann es im Leben zu etwas bringen. Es gibt halt einfach kein soziales Netz, das Benachteiligte auffangen könnte. Also beginnt der Leistungsdruck schon im Kleinkindalter.

Entgegen anderen Ländern sind die Kleinen jedoch in jeder Hinsicht in diesem Land die Größten! Die **Kinderfreundlichkeit** ist wirklich fantastisch. Kinder gelten hier als etwas Normales, etwas Schönes. Sie werden nicht als etwas Störendes angesehen.

Die andere Seite dieser Medaille ist, dass Kinder meistens überbehütet werden und sie alles andere als an der langen Leine laufen. **Helikopter-Eltern** gibt es sicher in jedem Land, aber hier wurde dieser Name zu Recht erfunden. Ein Kind läuft im Supermarkt drei Meter vor der Mutter her? Garantiert wird ein anderer Kunde die Mutter auf den kleinen Ausbrecher aufmerksam machen. Allein zur Grundschule gehen, im Vorgarten spielen, das zehnjährige Geschwisterkind zum Babysitten einsetzen, während man selbst kurz beim Nachbarn ist? In den Augen der meisten Eltern viel zu gefährlich! Ihr Kind klettert eine Rutsche hoch statt sie runter zu rutschen? Machen Sie sich drauf gefasst, dass entweder ein Kind oder ein Erwachsener Sie darauf hinweist, dass dies nicht erlaubt sei. Wer sein Kind allein zum Fußballtraining schickt, muss mit einer Anzeige wegen Vernachlässigung rechnen. Die größte Gefahr für ein Kind, das sich mit seinem Rad durchs Viertel bewegt, ist die örtliche Polizei, die im Zweifel nicht lange zögert und Ihr Kind nebst Rad im Kofferraum zu Ihnen nach Hause bringt. So manch ein Ordnungshüter fühlt sich gar bemüßigt, in gesenktem Ton den Frauen, die sich am Nachmittag mit ihren Kleinen auf einem Spielplatz eingefunden haben, zuzuraunen: „Wenn Sie einen Mann allein auf einer Parkbank sitzen sehen – sagen Sie mir Bescheid." Hinter jedem Baum könnte ein Pädophiler lauern, der nur auf einen unbeaufsichtigten Augenblick wartet, um sich über

Ihr Kind herzumachen – das sind die bisweilen paranoiden Vorstellungen eines zur Übertreibung neigenden Volkes. Ein Kind weint beim Haarewaschen? So manche Nachbarn werden sich berufen fühlen, das Jugendamt zu alarmieren. Lieber einmal mehr als zu wenig – *„better safe than sorry"*, lautet die Devise.

Rundumbetreuung ist bis zum College die Norm und Angst ist ein ständiger Begleiter heutiger amerikanischer Eltern. Kein Wunder also, dass eine ganze Industrie von diesem Phänomen lebt. Zahlreiche Apps und Geräte geben den besorgten Eltern an, wo genau ihr Schützling sich gerade aufhält. Auch jugendliche Fahranfänger werden von diesem Überwachungswahn nicht verschont: So gibt es beispielsweise Geräte, die den Eltern anzeigen, ob ihr Kind nicht gerade in diesem Moment zu schnell fährt.

2.3.2   Der Kindergarten, der schon eine „pre-school" ist

Möchten Sie als Expat-Familie Ihr Kind gern in eine Krippe oder einen Kindergarten geben, sollten Sie Folgendes wissen: Die vorschulische Betreuung ist nicht obligatorisch, wird von zahlreichen privaten, öffentlichen und kirchlichen Einrichtungen angeboten und umfasst das Alter zwischen sechs Wochen und fünf Jahren. Die Qualität unterscheidet sich nicht selten ganz erheblich und schlägt sich auch in der Höhe der monatlichen Beiträge nieder. Eine staatliche Subventionierung gibt es hier natürlich nicht, und so ist man schnell mehrere hundert bis teilweise auch mehr als 2000 Dollar im Monat los.

Wie lange, also wie viele Stunden und Tage, Ihr Kind dort bleibt, hängt von unterschiedlichen Faktoren ab. Für unter Dreijährige ist das Angebot eher begrenzt, meist werden für diese Altersgruppe lediglich zwei Vor- oder Nachmittage angeboten. Ist Ihr Kind älter, liegt es an Ihnen, an wie vielen Tagen und wie lange Sie ihr Kind in die Betreuung geben wollen. Sie können wählen zwischen halb- und ganztags, zwischen zwei, drei oder fünf Tagen.

Kurz zu den Begrifflichkeiten: Es gibt die *„nursery school"*, meist verwendet für Einrichtungen für Kinder unter drei Jahren, die *„pre-school"* als amerikanische Version des deutschen Kindergartens für Kinder ab drei Jahren und die *„daycare"*, die ganz allgemein eine Einrichtung ist, die von sechs Uhr morgens bis 19 Uhr abends geöffnet hat. Manchmal werden *nursery school* und *pre-school* auch parallel verwendet, also auch unter Dreijährige können in eine *pre-school* gehen.

In aller Regel müssen die Kinder für die *pre-school* windelfrei, also *„potty trained"* sein. Die allgemeine Erwartung ist, dass ein Kind spätestens mit drei Jahren aufs Töpfchen geht. Eine Toleranzgrenze nach oben oder gar die Einstellung, dass das Kind die Windel ganz von allein weglässt, wenn es soweit ist – Fehlanzeige!

Da viele Amerikaner großen Wert auf eine akademische Entwicklung legen, werden hier bereits mehr oder weniger spielerisch Buchstaben und Zahlen vermittelt. Viele Drei- oder Vierjährige können schon ihren Namen schreiben und bis zehn oder 20 zählen. Auch Formen und Farben beherrschen schon die Allerkleinsten. Ein Blick ins *„curriculum"*, also den Lehrplan des Hauses, gibt Aufschluss über die Schwerpunkte der jeweiligen Gruppe. Ohne *„project"* – und sei es ein Kritzel-Kratzel-Bild – geht hier kein Kind nach Hause.

Hier werden Sie sich etwas umstellen beziehungsweise die Ruhe bewahren müssen: Es kann durchaus passieren, dass die *pre-school*-Lehrerin Sie einbestellt oder beim obligatorischen einmal jährlich stattfindenden Elterngespräch mit Besorgnis in der Stimme darauf aufmerksam macht, dass ihr dreijähriger Sprössling der einzige in der Klasse sei, der noch nicht seinen Namen schreiben könne. Tatsächlich nicht, werden Sie am liebsten antworten wollen, das muss er auch nicht, dafür kann er Radfahren und Gurken schälen. Doch die Kinder einfach nur „spielen" zu lassen, und das womöglich bis kurz vor der Einschulung, käme den Amerikanern nicht in den Sinn. Sie können das trotzdem weiter tun, und Ihnen sei zur Beruhigung versichert: Selbst wenn die amerikanischen Kinder den deutschen in Sachen Buchstaben und Zahlen einiges voraushaben, ehe die Schule überhaupt beginnt, geht das Erlernen all dieser Fähigkeiten in der ersten Schulklasse so schnell, dass sich der Vorsprung bald relativiert.

Die in Europa sehr beliebten Waldkindergärten findet man wirklich nur ganz vereinzelt und das Thema „Herumtollen im Freien" hat einen geringeren Stellenwert in den USA als in Deutschland. Recht häufig sind hingegen *„fire drills"* und sonstige Notfallübungen, denn auf den Aspekt „Sicherheit" wird höchster Wert gelegt. Selbstredend werden die meisten Kindereinrichtungen auch mit Kameras, Zugangscodes oder ähnlichem geschützt.

Viele Einrichtungen beschäftigen Kinderkrankenschwestern, die nicht nur Pflaster auf aufgeschlagene Knie kleben oder bei Fieber die Eltern eines Kindes alarmieren, sie entscheiden auch darüber, ob es gerade vielleicht zu kalt, zu schwül oder zu windig ist, um nach draußen zu gehen.

Da manche Kinder allergisch auf Nüsse reagieren, haben viele dieser Einrichtungen Erd- und sonstige Nüsse aus ihrer Schule verbannt. Oder aber es gibt einen extra „Nusstisch", an dem die Allergie-Kinder sitzen. Ansonsten muss man aufpassen, seinem Kind nicht versehentlich eine Nuss-Nougat-Creme auf das Sandwich fürs Mittagessen zu schmieren oder zum Geburtstag ein paar Haselnuss-Muffins auszugeben. Und ohne kompletten Impfschutz (inklusive Grippeimpfung für unter Fünfjährige) kann dem Kind der Besuch einer öffentlichen Schule gleich ganz verweigert werden. Allerdings erlauben die Bundesstaaten je nachdem eine Impfverweigerung aus religiösen oder philosophischen Gründen. Dies muss man jedoch detailliert schriftlich vor der Schulleitung darlegen und begründen. Da sich nicht jeder eine Krankenversicherung und die vorgeschriebenen Impfungen leisten kann, ist die Gefahr in den USA etwas größer, auf verschiedene Krankheitserreger zu treffen. Impfverweigerer haben zudem einen schweren Stand. Sie gelten als Schmarotzer, die von der Masse der Geimpften profitieren.

Beim Thema Eingewöhnung werden Sie im Übrigen gewaltig schlucken, denn eine solche ist hier ganz einfach nicht existent. Sanfte Begleitung? Berliner Modell? Das Motto heißt hier eher *„over the fence and gone"*, also so viel wie „noch schnell über den Zaun zuwinken und dann verschwinden". Dies klingt nicht nur hart, das ist es in der Tat auch. Wenn man eine gute Einrichtung erwischt, wird sich eine Erzieherin aus der Gruppe des – in aller Regel weinenden – kleinen Wesens annehmen und es beruhigen. Da jedoch der Betreuungsschlüssel stark variiert, kann es sogar sein, dass dafür einfach keine Zeit oder niemand zur Stelle ist. Hier sollte man sich ganz klar von seinem Bauchgefühl leiten lassen und auf Empfehlungen hören. Wenn Eltern kein gutes Gefühl bei der Sache haben, sollten sie sich eher nach einem anderen Haus oder einer neuen Lösung umschauen.

Tagesmütter sind zwar viel weniger verbreitet, doch es gibt sie auch in den USA. Und Babysitter oder Nannys findet man unter anderem unter www.care.com oder www.sittercity.com.

Im Übrigen: Einen Mutterschutz oder eine Elternzeit wie in Deutschland gibt es in den USA nicht. Viele Mütter arbeiten bis zum Tag ihrer Entbindung und bleiben auch anschließend nur sechs bis zwölf Wochen zu Hause – danach kommt das Baby, wenn es nicht zu Hause von der Nanny gepflegt wird, in die *„day-care"*. Verdient der Ehemann genug, kommt es auch vor, dass die Ehefrau ihren Job kündigt und zunächst mit dem Kind zu Hause bleibt – und eine *stay-at-home mom* wird. Das ist vor allem dann sinnvoll, wenn das Gehalt der Mutter gleich wieder durch die immens hohen Kosten für eine Fremdbetreuung „aufgefressen" würde. Meistens folgt in einer solchen Familie dann in nicht großem Altersabstand das zweite (oder auch dritte) Kind.

In jedem Fall aber ist der Run auf die *pre-school*-Plätze groß. Daran sollten Sie denken, wenn sie einen möchten, und zwar am besten schon während des *Look and See-Trips*. So sollten Sie sich am besten in gleich mehreren Einrichtungen anmelden; meist wird eine Einschreibegebühr fällig, doch deren Verlust, wenn sie später den Platz doch nicht benötigen, werden Sie eher verschmerzen als das Nichtvorhandensein eines solchen.

2.3.3   Schulleben auf Amerikanisch

Mit fünf Jahren beginnt in den USA der Ernst des Lebens und das Kind kommt in die Vorschule, den sogenannten *„kindergarten"*. Das Wort haben sich die Amerikaner aus dem Deutschen geliehen, tatsächlich handelt es sich hierbei um ein Vorschuljahr. Das ist obligatorisch für alle Kinder, die bis zu einem bestimmten Stichtag, *„cut off day"*, (in jedem Bundesstaat unterschiedlich) fünf Jahre alt geworden sind. Auf das Vorschuljahr folgen dann die *Elementary School*, die *Middle School* und zum Abschluss vier Jahre *High School* (9. bis 12. Klasse).

Für Kinder, die aus Deutschland kommen, stellt sich nun die Frage: Gehen sie auf eine amerikanische Schule oder eine Deutsche Auslandsschule? Die gibt es an fünf Standorten: Washington D.C., New York City, Boston, im Silicon Valley und in Portland (Oregon). Der Vorteil ist, dass der Übergang von Deutschland in die USA und später zurück problemlos verlaufen dürfte. An den Schulen geht es genauso deutsch zu wie in Deutschland, selbst die Turnhallen sehen so aus, als stünden sie irgendwo in der Heimat. Für Kinder und Eltern kann das eine große Erleichterung sein, die deutsche Schullaufbahn ist in jedem Fall sichergestellt, egal, wie lange man weg ist. Auch Englisch lernen die Kinder verhältnismäßig schnell: weil Englisch viel stärker im Unterricht verankert ist als an deutschen Schulen und weil auch Kinder binationaler Ehen dort sind und für viel Englisch auf dem Pausenhof oder bei Verabredungen sorgen.

Die Alternative ist die amerikanische Schule, öffentlich oder privat. Für Kinder, die schon einige Zeit im deutschen Schulsystem verbracht haben, mag am Anfang manches gewöhnungsbedürftig sein. Etwa dass die Schule bis drei Uhr am Nachmittag geht. Und dass sie trotzdem noch Hausaufgaben machen müssen (was ein großes Thema in den USA ist und viele Eltern und Pädagogen kritisieren). Ungewöhnlich ist, dass die Schulklassen jedes Jahr aufs Neue zusammengestellt werden. Was aber auch Vorteile hat: Nach ein paar Jahren kennt man mehr oder weniger seine gesamte Stufe; wer sich in einer Klasse nicht so wohl gefühlt hat, bekommt im nächsten Jahr wieder andere Mitschüler, und vor allem als Neuer fällt man weniger auf und kann sich leichter integrieren. Ab der *Middle School* (sechste Klasse) existiert gar kein Klassenverband mehr; die Schüler haben „*Locker*", Schließfächer, draußen auf dem Flur, dort verstauen sie ihre Utensilien. Dann ziehen sie von Raum zu Raum, in dem sitzen die Lehrer und unterrichten ihr Fach. Ist eine Unterrichtseinheit vorüber, geht es weiter in den nächsten Raum zum nächsten Lehrer.

Geschrieben wird in Druckschrift; „*cursive*" oder „*script*", Schreibschrift, wird so gut wie nicht mehr gelehrt. Auch gibt es keine Hefte mit Linien oder Kästchen, sondern Zettel. Wenn es überhaupt Zettel gibt. Laut dem seit 2010 geltenden „*Common Core*", den Lehrstandards für die Schulen, wird „*Handwriting*" als Lernziel explizit nur für die Vorschule und erste Klasse erwähnt, danach steht das Tippen auf der Computertastatur im Vordergrund (eine Reihe von Staaten haben das allerdings modifiziert und Handschrift über die erste Klasse hinaus als Standard festgeschrieben!).

Grundsätzlich geht es an amerikanischen Schulen reglementiert zu. Zur Pause müssen sich die Kinder ordentlich in einer Reihe aufstellen; wer ausschert, im Unterricht, auf dem Pausenhof, muss mit Strafe rechnen – und womöglich die nächste Pause mit der Rektorin im Büro verbringen. An manchen Schulen gibt es auch Kleiderordnungen, zu kurze Röcke oder Hosen sind verboten, wer sich nicht daran hält, bekommt eine angemessene Alternative aus dem schuleigenen Inventar.

Ein Erlebnis sind das *drop off* und das *pick up*. Morgens wie nachmittags fahren die Eltern an den Schulen vor, morgens geht das Ganze noch relativ zügig, die (meist) Mütter halten kurz vor der Schule, die Kinder steigen aus. Mittags, beim *pick up*, biegen schon eine Stunde vor Schulende die ersten Mütter oder Nannys auf die *pick up*-Fahrspur ein und harren dort bei oftmals laufendem Motor (im Sommer wegen der Klimaanlage, im Winter wegen der Heizung) aus. Mit der Zeit wird die Autoschlange immer länger, beginnt schon viele Meter vor der Schule, es ist ein Chaos. Nur wenige fahren wegen der fehlenden Bürgersteige und mangelnden Aufmerksamkeit seitens der Autofahrer mit dem Fahrrad oder laufen. Es gibt auch Schulbusse, aber nicht in allen Städten und auch nicht für alle Kinder, das hängt von der Entfernung zwischen Schul- und Wohnort ab. Die Benutzung des Schulbusses ist nicht immer kostenlos, in vielen Kommunen müssen die Eltern einen zusätzlichen Beitrag leisten.

Ein anderes Thema sind die Ferien. Das amerikanische Schuljahr umfasst 180 Tage, das macht zehn Monate: von Ende August/Anfang September bis Ende Mai/Mitte Juni. Der Schulbeginn orientiert sich oft am *Labor Day* (nationaler Feiertag am ersten Montag im September). Meist zwei Tage später – also mitten in der Woche – geht die Schule los. Im günstigsten Fall liegt *Labor Day* am 7. September, im ungünstigsten am 1. September. Das Schulende ist dann Ende Mai beziehungsweise gegen Mitte Juni. Bis dahin heißt es Durchhalten. Denn Ferien im deutschen Sinne gibt es nicht. Frei sind allenfalls ein paar Tage zwischendurch (siehe Feiertage oben). Die einzige zusammenhängende Ferienwoche ist zwischen Weihnachten und Neujahr und im Frühjahr um Ostern herum (*„Spring Break"*). Dafür ist der Sommer lang – sehr lang.

Zehn Wochen Ferien – der Nachwuchs wird erfreut sein, die Eltern womöglich weniger. Was um alles in der Welt macht man in der ganzen Zeit? Vielleicht das, was amerikanische Eltern tun: Man schickt die Kinder ins *„summer camp"*, ins Sommerlager. Was klingt wie Stadtranderholung oder Jugendherbergsfreizeit ist vom finanziellen Standpunkt aus betrachtet vielfach das Gegenteil davon. Das Ganze ist eine profitable Industrie mit Camps zu allen Themen, die man sich denken kann oder an die man womöglich nie gedacht hatte: Ob Sport, Malen, Tanzen, Singen, Wissenschaft, Technik, Natur, halbtags, ganztags oder über Nacht – die Auswahl ist groß.

Schon im Frühjahr beginnen die Anbieter – Kommunen, Kirchen, Privatschulen, Sportvereine, Fitnessstudios, YMCAs, Naturzentren – mit der Werbung; die Anmeldungen für besonders beliebte Camps beginnen Wochen, bevor das Schuljahr endet (und man womöglich weiß, was man wann im Sommer machen möchte). Anderswo ist die Nachfrage so groß, dass die Plätze ausgelost werden müssen. Auch Nachhilfeorganisationen machen im Sommer nicht etwa Pause, sondern unterrichten auch während der Ferien. Die wohl kostengünstigste (und nicht unbedingt schlechteste) Variante ist der sogenannte *„Summer Playground"* der Kommunen. Dort gibt es kein ausgefeiltes Entertainment, dafür aber werden die Kinder am ehesten auf Mitschüler und Freunde aus dem Ort treffen.

Die Preise für den Spaß? Die sind unterschiedlich. Während die Kommunen für ihr sechswöchiges Programm 60 Dollar verlangen mögen, kostet ein fünfstündiges Kunst-Camp ohne Mittagessen 400 Dollar pro Woche. Am obersten Ende der Preisskala rangieren Ganztagscamps, bei denen die Kinder für 1.000 Dollar die Woche oder gar mehr von zu Hause abgeholt und zum Beispiel an einen

See transportiert werden, um dort ihre Stunden zu verbringen. Auch die *„sleepaway camps"* sind teurer als es die Unterkünfte in Holzhütten oder Zelten, in denen die Kinder ein oder zwei Wochen übernachten, vermuten lassen.

Bei der Suche nach einem geeigneten Camp helfen das Internet, Broschüren und Eltern mit langjähriger Camp-Erfahrung. Die Qualität der Camps schwankt, und nicht immer ist ein teures Camp ein gutes. Am ehesten sollte man sich hier auf Bekannte verlassen, deren Kinder schon mal ein Camp besucht haben und es empfehlen würden. Für amerikanische Eltern, die arbeiten, sind die Camps die einzige Möglichkeit, die Sommerferien zu überbrücken, ohne gleich kündigen zu müssen. Und selbst diejenigen, die nicht arbeiten, stecken ihre lieben Kleinen zumindest für die eine oder andere Woche in ein Camp – sonst wird man sie am Ende der mehr als zwei Monate womöglich auch nicht mehr als so lieb und klein empfinden.

Wie aber hält man beim Besuch einer amerikanischen Schule Anschluss ans Deutsche? Hierfür gibt es Lösungen, eine ist die deutsche Samstagsschule. Die findet man in vielen Orten, die Internetseite www.pasch-net.de hält eine Weltkarte beziehungsweise Länderkarten bereit, auf denen alle Schulen – die pädagogisch und finanziell von der Zentralstelle für das Auslandsschulwesen gefördert werden – aufgeführt sind. Jedes Jahr im Frühjahr werden Prüfungen abgelegt, am Ende, nach mehreren Jahren Deutschunterricht, können die Schüler das Deutsche Sprachdiplom erwerben. Das gilt dann als Nachweis der für ein Hochschulstudium in Deutschland erforderlichen Deutschkenntnisse.

Der Unterricht dauert in der Regel vier Stunden und es geht vor allem um das Erlernen der deutschen Rechtschreibung und Grammatik. Die Lehrer an den Deutschen Schulen sind oftmals ebenfalls Expat-Frauen und vielleicht sogar Grundschullehrerinnen. Darüber hinaus werden die klassisch deutschen Feste wie Sankt

Martin, Nikolaus, das Weihnachtsfest mit Krippenspiel, Karneval und Ostern gefeiert. Sollte man diese Feiern etwas vermisst haben, bietet die deutsche Samstagsschule hierfür den Rahmen. Die Idee, die dahinter steht, ist, den Kindern, vor allem denen aus binationalen Ehen, im Einwandererland USA nicht nur die Sprache, sondern die deutsche Kultur insgesamt nahezubringen. Und auf diese Weise zu erhalten. Auch andere Europäer, Griechen, Portugiesen, Franzosen, pflegen in Samstagsschulen ihre Traditionen und Wurzeln.

Zur deutschen Tradition gehört es im Übrigen, sofern man sich im Großraum New York City aufhält, zur im September stattfindenden *Steubenparade* zu fahren. Das heißt, man fährt nicht nur dorthin, man läuft bei der Parade mit. Als Deutsche Schule. In New York finden das ganze Jahr über Paraden zu Ehren von Gesellschaftsgruppen wie den Veteranen oder nationaler Helden statt. Die Polen haben ihre *Pulaski Day Parade*, die Iren ihre *St. Patrick's Parade* und die Deutschen eben ihre Steubenparade. Benannt ist diese nach dem preußischen General Friedrich Wilhelm von Steuben, der im Unabhängigkeitskrieg amerikanischen Soldaten deutsche Disziplin beibrachte. Sich die Parade anzusehen, ist ein Erlebnis der besonderen Art, mitzulaufen erst recht. Inmitten von Rentnerclubs, Restaurants mit deutscher Küche, Spielmannszügen und Turnvereinen darf man schwarz-rot-goldene Fähnchen schwingend ein bisschen Werbung für das eigene Land machen. Und das direkt auf der Fifth Avenue entlang des Central Park, die eigens für den Anlass gesperrt wird.

Alternativ lässt sich der Deutschunterricht auch *„in-house"* organisieren. Wer sich in der Lage sieht oder gar Lust dazu hat, kann seine Kinder selbst unterrichten. Das Material besorgt man sich entweder im Internet oder aus Schulbüchern in Deutschland. Es gibt auch professionelle Anbieter, etwa die Deutsche Fernschule (www.deutsche-fernschule.de), die „Grundschule zum Mitnehmen", wie sie sich selbst nennt. Den Kindern wird das Unterrichtsmaterial (theoretisch vorhanden für alle Fächer) per Post oder E-Mail zugesandt, es werden Tests abgelegt und Zeugnisse ausgestellt.

Die englische Sprache werden die Kinder im Übrigen schneller lernen als man es für möglich gehalten hätte. Schon bald wird man aufpassen müssen, dass die Fremdsprache nicht zur Haus-Sprache wird.

Die „Haus-Sprache" – das ist in jedem fünften Haushalt der USA eine andere als die englische Sprache. Deshalb gibt es an vielen Schulen das Fach *ESL*, „*English as a Second Language*". Kinder, deren Muttersprache nicht Englisch ist, bekommen von extra geschulten Lehrern Nachhilfe in der englischen Sprache, aber auch Fragen in anderen Fächern können dort besprochen werden.

Noten gibt es in den USA in Form von Buchstaben (traditionell sind es A, B, C, D und F; A ist „*Outstanding*", F ein „*Failure*") oder Zahlen (1 bis 4, wobei die 1 für „Klassenziel nicht erreicht" und die 4 für „überdurchschnittlich gut" steht). Das Zeugnis selbst nennt sich „*Report Card*", und die gibt es (in Papierform oder online) in der Regel drei Mal im Jahr (kurz vor Weihnachten, um Ostern herum und am Ende des Schuljahres). Zwischendurch finden ein oder zwei „*Teacher-Parent-Conferences*", Elternsprechtage, statt. Dass man wegen schlechter Noten sitzen bleibt, ist eher unüblich. Es gibt einige Staaten, die Kindern den Übertritt in die vierte Klasse verwehren, wenn diese den erforderlichen Level beim Lesen nicht erreichen. Vergleichsweise häufig kommt es vor, dass Eltern ihre Kinder freiwillig vor der Einschulung in den „*kindergarten*" zurückhalten, vor allem dann, wenn diese kurz vor dem *cut off day* fünf Jahre geworden sind.

Den wohl größten Unterschied zum deutschen System wird man bei den Fremdsprachen feststellen. In den USA entscheidet jeder Bundesstaat für sich, ob die Schulen Fremdsprachen anbieten müssen beziehungsweise ob Fremdsprachenkenntnisse für den Erwerb des High-School-Abschlusses notwendig sind (oft reichen dann aber schon zwei Jahre). In Deutschland dagegen kann man nur dann Abitur machen, wenn man zwei Fremdsprachen gelernt hat. Das wird man bei der Schulwahl in den USA berücksichtigen müssen. Das Gleiche gilt für die *ESL*-Förderung, die nicht an allen Schulen angeboten wird. In dem Zusammenhang ist es wichtig zu wissen, wie die Zuweisung zur Schule erfolgt: nämlich nach dem Wohnort, das heißt, entscheidend ist der Ort oder in größeren Städten die Straße. Es kann also passieren, dass man ein passendes Haus gefunden hat – die dazugehörige Schule aber kein Französisch und/oder keine Unterstützung für Ausländer in Form des *ESL*-Unterrichts anbietet.

Die Verantwortung für das Schulwesen obliegt zu großen Teilen den Kommunen, sowohl was die pädagogischen Inhalte als auch was die Finanzen angeht. Die Idee, die dahinter steht, ist wiederum eine sehr amerikanische: Nicht der ferne, unbekannte Staat in Washington D.C. oder der einzelne Bundesstaat, der dem Bürger nicht gerade näher steht, soll über die Erziehung der Kinder entscheiden, sondern die Menschen vor Ort. Es greift das Prinzip der größtmöglichen Freiheit und Selbstverantwortung. So hat jede Schule ein Board of Education, in das sich jeder, der in dem Ort wohnt, wählen lassen kann. Dieses Gremium befindet dann, gemeinsam mit dem Schulrektor und im Rahmen gewisser staatlich vorgegebener Standards, über die grundlegenden Fragen des Schulalltags. Der Vorteil ist, dass jede Schule entsprechend der Bewohnerstruktur (Einkommen, Bildungsniveau, Familiensituation etc.) den Schulalltag gestalten kann. So mag es in manchen *„School Districts"*, Schulbezirken, sinnvoll sein, ein Frühstück anzubieten, weil dies viele Kinder zu Hause nicht bekommen. Oder eine extra Lese- und Schreibförderung zu veranstalten, um Kinder aus bildungsferneren Schichten zu unterstützen.

Finanziert werden die Schulen zu einem großen Teil über die sogenannte *„property tax"*. Das ist eine Art Grundstückssteuer, die jeder

Hauseigentümer an die Kommune entrichten muss. Dabei handelt es sich um nicht gerade wenig Geld, in gut situierten Wohngegenden können das 1000 Dollar und mehr im Monat sein. Die Folge ist eine – in den USA nur wenig diskutierte – Ungleichheit in der Ausstattung der Schulen. Denn dort, wo die gut Verdienenden wohnen und viel *property tax* zahlen, erhalten die Schulen mehr Geld als in armen Gegenden. Der Staat gleicht zwar einen Teil dieser Einkommensunterschiede über Zuschüsse zu den Schulen aus – es bleibt aber eine Lücke. So kommt es, dass den öffentlichen Schulen im Staat New York pro Kind fast 19.000 Dollar zur Verfügung stehen, in Utah dagegen nur 6.000.

Als Scharnier zwischen Schule und Eltern verstehen sich die *PTA* (*„Parent Teacher Association"*) oder *PTO* (*„Parent Teacher Organization"*). Jede Schule verfügt über eine *PTA* oder *PTO*, die auf freiwilliger Basis arbeitet. Das Budget besteht rein aus Spenden (die die Eltern am Anfang des Jahres entrichten). Die *PTA/PTO* sehen sich als Sprachrohr der Familien, versuchen zusammen mit den Lehrern pädagogische Akzente zu setzen, sie organisieren Schulausflüge, Schulfeste, Weihnachtsbastelbasare oder ein Mittagessen für die Lehrer. Wer wissen will, wie eine amerikanische Schule funktioniert, und obendrein Kontakte zu Familien aus dem Ort knüpfen möchte, ist bei *PTA/PTO* oder einem ihrer Gremien gut aufgehoben.

Das Schuljahr geht zu Ende mit Dankeskarten an Lehrkräfte, Sekretärinnen und Hausmeister. Viele Eltern bringen auch Geschenke mit. Zu Weihnachten und zum Schuljahresende. Mit der Suche nach dem (perfekten) *„teacher gift"* ist so manche amerikanische Mutter tagelang beschäftigt. Mancherorts übernehmen das die *„classroom parents"* oder *„homeroom parents"*, die so etwas wie die Klassenpflegschaftsvorsitzenden sind. Andere Schulen haben restriktive Regelungen erlassen, untersagen das Austeilen von Geschenken ganz oder setzen finanzielle Limits.

In jedem Fall aber ist es üblich, sich bei den Lehrern zu bedanken, und sei es nur in persönlichen Worten. Anfang Mai findet überdies eine landesweite *„ Teacher Appreciation Week"*, eine Lehrer-Anerkennungswoche, statt. Hier soll dem Bemühen der Lehrer um das Wohl und die Bildung der Kinder Anerkennung gezollt werden – eine ebenfalls typisch amerikanische Eigenart: *„acknowledgement"*, Lob und positive Rückmeldung werden im Job wie auch im Privaten erwartet und auch gegeben!

Etwa zehn Prozent der amerikanischen Schüler besuchen eine Privatschule. Die meisten von ihnen gehen auf eine religiös orientierte Schule (80 Prozent). Der Besuch einer Privatschule ist zum einen eine Frage des Geldes (im Schnitt kostet ein Privatschuljahr 14.000 Dollar), zum anderen eine der Zulassung. Wer eine private High School besuchen möchte, und das gilt für Inländer wie für Ausländer, muss in der Regel einen Bewerbungsprozess durchlaufen, der ein Jahr dauern kann und Bewerbungsschreiben, Tests und Interviews umfasst. Jede Privatschule hat ihre eigenen Zugangsvoraussetzungen und Bewerbungsfristen, man wird sich also konkret vor Ort erkundigen müssen, am besten im Rahmen eines Tages der Offenen Tür, den die Schulen einmal im Jahr veranstalten.

2.3.4   Immer busy

Das Tagesprogramm der Kinder, der kleinen wie der großen, ist nach Kindergarten und Schule noch lange nicht beendet. Ob Sport, Musik, Kunst, Chinesisch oder die *Boy/Girl Scouts* (Pfadfinder) – an vielen Nachmittagen sind die Kinder in irgendwelchen Kursen verplant. Angeboten werden die von den Schulen, Kommunen, Kirchen, öffentlichen Bibliotheken oder von privater Seite.

Speziell beim Sport sind die Unterschiede zu Deutschland groß. Sportvereine, die alle Sportarten unter einem Dach vereinen, existieren in den USA nicht. Welcher Sport betrieben wird, hängt außerdem nicht nur vom Interesse, sondern von der Jahreszeit ab. Fußball spielen die Kinder im Herbst und Frühjahr, Basketball im Winter, Baseball im Frühjahr und in den Sommerferien. Die Kurse sind nach acht oder zehn Wochen zu Ende, dann macht man wieder etwas anderes. Getanzt, geturnt, geschwommen und Tennis gespielt wird das ganze Jahr über.

Sport ist für den Amerikaner eine ernste Angelegenheit, das gilt auch für die Kinder. Bereits mit sechs oder sieben Jahren schwimmt und turnt man im *„team"*, und wer es schafft, dort hineinzukommen (was sich viele Kinder oder vielmehr deren Eltern wünschen), verpflichtet sich damit, mindestens vier Mal in der Woche zum Training und am Wochenende zum Wettkampf zu erscheinen. Auch Fußball darf nicht jeder spielen, sondern nur derjenige, der bei den sogenannten *„tryouts"* (die immer im Mai stattfinden!) mitgemacht und einen *„roster spot"* erhalten hat. Zwar muss man schon sehr schlecht spielen, um keinen Platz in einem Team zu erhalten, ohne Teilnahme an den *tryouts* geht aber definitiv nichts. Wer die verpasst, wird im Herbst und im darauf folgenden Frühjahr kein Fußball spielen können.

Allen diesen Angeboten gemein ist ein ziemlich stattlicher Preis. Da die Anbieter ohne staatliche Zuschüsse auskommen müssen, zahlen die Eltern oft mehrere hundert Dollar für einen zehnwöchigen Kurs.

Eine lohnende Alternative ist das YMCA, eine riesengroße, landesweite Organisation, die sich zum Ziel gesetzt hat, als Vorreiter in Sachen sozialer Verantwortung zu dienen. Das sogenannte „Y" ist jedoch vor allem als Anbieter unzähliger Sport- und sonstiger Kurse bekannt, die noch dazu erschwinglich sind. Öffentliche Bibliotheken sind ebenfalls eine prima Anlaufstelle für Kinder – hier wird für jedes Alter fast täglich etwas geboten! Filmabende, Vorlesestunden oder Bastelnachmittage – das kostenfreie Programm ist sehr beliebt. Nicht kostenlos, aber moderat sind die Angebote der

„recreation departments", das sind die Erholungsämter der Städte, die mehrmals im Jahr in ihrem Newsletter über Aktivitäten, darunter ein durchaus umfangreiches Sportprogramm für Kinder und Erwachsene, informieren. Eine gute Anlaufstelle fürs nachmittägliche Freizeitprogramm sind auch die Naturzentren, die es in den Naturschutzgebieten der Umgebung oder den sogenannten *„State Parks"* gibt. Auch die Schulen bieten für einige Wochen im Jahr ein (zum Teil kostenloses) Programm an, etwa Ballspiele, Malen, Golf oder Schach. Ab der vierten Klasse können die Kinder ein Instrument erlernen, eine kostengünstige Alternative zum ansonsten teuren Privatunterricht. Der Unterricht selbst ist frei, den übernimmt der Musiklehrer, bezahlt werden muss nur das Ausleihen des Instruments. Wer Lust hat, spielt später in der Schulband weiter.

Doch egal, welchen Aktivitäten die Kinder nachgehen – bereits hier wird die Grundlage für eine spätere Karriere gelegt. Wer studieren will, und das muss nicht gleich *Harvard* oder *Princeton* sein, muss sich an *College* oder *University* bewerben. Elementarer Bestandteil einer Bewerbung ist neben dem Zeugnis das sportliche und soziale Engagement. So kann eine jahrelange Mitgliedschaft bei den *Girl Scouts*, ehrenamtliches Engagement in der Kirche oder der Kommune sowie eine „Karriere" im lokalen Fußball-Club der Türöffner für ein Studium sein – und sollten die Fähigkeiten in einem Gebiet herausragend sein und das Kind ein Stipendium (*„scholarship"*) erhalten, wird dies die immensen Studienkosten auf ein finanzierbares Level senken.

2.4   Mit der Mentalität der Amerikaner zurechtkommen

Die freundliche und lässige Art der Amerikaner, der große Stolz auf ihr Land, ihr lockerer Umgang mit Finanziellem und mit Besitztümern – was während eines Urlaubs noch recht charmant daherkommt, gewinnt während eines längeren Auslandsaufenthalts massiv an Bedeutung. Um uns dauerhaft wohlzufühlen, brauchen wir das Gefühl der Zugehörigkeit einer Gruppe. Doch wie soll das gehen, wenn alle um uns herum so ganz anders „ticken"? Vor allem in der Anfangszeit kann es zu großer Unsicherheit und innerem Rückzug kommen. Es ist ein bisschen wie auf rohen Eiern zu balancieren: Soll man die Einladung der Nachbarn wirklich annehmen oder war dies nur eine Floskel? Ist es okay, wenn unsere Kinder im Hochsommer halb nackt durch den Garten springen?

Der Umgang mit der fremden Kultur ist sicher der wichtigste Knackpunkt bei einer Auslandsentsendung. Viele Paare und Familien brechen ihren Aufenthalt vorzeitig ab, weil sie mit der Andersartigkeit nicht gerechnet oder sie unterschätzt haben.

Wichtig ist, am Punkt des Kulturschocks nicht gleich in den nächsten Flieger nach Frankfurt, München oder Berlin zu steigen, sondern sich auf Dauer dieser Andersartigkeit zu stellen. Wer in Gedanken nur auf gepackten Koffern sitzt, wird immer ein Reisender zwischen den Welten bleiben. Idealisieren Sie Deutschland nicht und verbannen Sie langsam, aber sicher die Vergleiche mit Ihrem Heimatland aus dem Kopf. Dann wird es schneller gelingen, in die dritte Phase einzutreten, die Erholung und das Verständnis für die hiesige Kultur.

Am besten ist es, sich einen Freundeskreis aufzubauen, der sowohl aus Deutschen und Amerikanern als auch aus Expats anderer Länder besteht. Umgeben Sie sich mit Menschen, die die Phase des Kulturschocks überwunden haben und Ihnen das Positive der neuen Kultur vermitteln können.

Und natürlich: Lesen Sie sich ein über die USA, machen Sie sich schlau! Warum sind die Menschen hier anders? Was kann man von ihrer Lebensweise lernen? Ist Optimismus wirklich immer gleich Oberflächlichkeit? Kann man sich von der Entspanntheit der Amerikaner nicht vielleicht eine Scheibe abschneiden? Ist ihr Patriotismus wirklich unerträglich? Bekanntermaßen finden wir bei anderen genau das abstoßend, was wir bei uns selbst ablehnen. Lohnt hier nicht vielleicht ein tieferer Blick in uns selbst und auf unseren „Schatten"? Wer die Zeit der Entsendung nutzt, sich ein wenig zu öffnen und auf Neues einzulassen, der wird schneller ankommen und zufrieden sein. Mehr noch: Derjenige wird vielleicht sogar einiges aus dieser Kultur adaptieren und am Ende der Expat-Zeit sich selbst unheimlich bereichert haben.

2.5   Und wenn ich doch unter starkem Heimweh leide?

Heimweh hat viele Gesichter: Manche Menschen sind vielleicht antriebslos oder gleichgültig, während andere unter körperlichen Schmerzen bis hin zu psychosomatischen Störungen leiden. Den einen überfällt das Heimweh schon gleich bei der Ankunft im Zielland, den nächsten im Zuge des Kulturschocks und wiederum andere vielleicht nur hin und wieder, wenn sie mit alten Freunden telefonieren oder die Lieblingsspeise vermissen.

Heimweh zeigt uns, wie verbunden wir tatsächlich mit einem bestimmten Fleckchen Erde oder liebgewonnenen Menschen waren. Es schmerzt, das Vertraute zurückzulassen. Hinter dem Wort Heimweh verbirgt sich die Angst vor der fremden Umgebung, vor neuen Situationen und unvorhersehbaren Ereignissen. Wir folgen damit einem alten inneren Programm, wonach wir tendieren, Gefahrensituationen zu vermeiden (und der Aufenthalt in einer fremden Kultur scheint ein solcher), um uns geborgen und sicher zu fühlen. Wir sehnen uns nach dem Vertrauten und Bekannten zurück, nach einer Umgebung, in der wir uns behütet fühlen. Erst recht, wenn der entsandte Partner vielleicht schon am zweiten Tag nach Dienstantritt auf Reisen gehen muss.

Das Paradoxe hierbei: Selbst, wenn der Auslandsaufenthalt heiß ersehnt war, man sich so sehr wie nichts anderes auf der Welt gewünscht hat, Deutschland zumindest für eine Zeit lang zu verlas-

sen, mal auszusteigen und etwas anderes zu machen – von Heimweh und dem Kulturschock bleibt niemand verschont.

Nicht nur für den beruflich Entsendeten, auch für die Mitreisenden ist vor allem die erste Zeit eine Herausforderung. In die ein-
gespielten Zahnräder ist Sand hinein geraten und es knirscht ganz
gewaltig. Es wird ein paar Monate dauern, bis sich wieder alles neu
justiert hat, bis die ersten Bekanntschaften geschlossen sind und
das Fremde nicht mehr ganz so viel Unsicherheit oder gar Angst
hervorruft. Etwa ein Jahr lang dauert das „Ankommen" in einem
fremden Land, auch in den USA.

Wenn das Heimweh allzu groß wird, hilft die (Rück-)Besinnung
auf das geliebte Vertraute. Vielen ist schon mit typisch deutschen
Lebensmitteln geholfen. Große Supermärkte haben meistens eine
Ecke mit weltweiten Spezialitäten, in der auch Spätzle und einge-
legte Gurken nicht fehlen.

Reden über die eigenen Gefühle, vor allem mit Freunden und mit
Menschen, die Ähnliches erlebt haben, ist ebenfalls immer hilfreich. Verkriechen hingegen fördert das Heimweh nur. Selbst aktiv
werden, auf Entdeckungsreise gehen und eine große Portion Neugier – das sollte jetzt auf dem Plan stehen!

Inspiration für den Umgang mit Heimweh können auch die zahlreichen Internet-Blogs von deutschen Auswanderern bieten. Mit
welchen Problemen hatten diese zu kämpfen und wie haben sie
sie gelöst? Und was fasziniert diese Menschen so sehr an den USA?
Warum sich nicht ein wenig begeistern und anstecken lassen?

Wer hingegen nur noch im Dauerkontakt mit Freunden oder der
Familie in Deutschland steht, dem fällt das Loslassen sehr viel
schwerer. Auch Heimatbesuche sollten mit Vorsicht geplant werden. Fährt man zu häufig „heim", vor allem im ersten Jahr und
mit Kindern, gelingt die notwendige Abnabelung nur mühsam,
nach jedem Besuch muss man sich erneut verabschieden und bei
Rückkehr in die USA wieder „einleben".

2.6   Sich ein Netzwerk bauen

Nicht nur für Familien stellt sich im Ausland die Frage nach einem tragfähigen Netzwerk, das gelegentlich Unterstützung bieten kann. Auch wer ohne Familie anreist, wird sich über Hilfe hier und da sicher nicht beklagen. Putzfrau, Gartenservice, Hemdenreinigung oder die Lebensmittellieferung – vor allem zu Beginn einer Delegation ist es wichtig und richtig, sich Unterstützung zu holen. Das Leben steht für ein paar Monate kopf, und zumindest bis alles in geregelten Bahnen läuft, sind die Dienste der kleinen Helferlein sehr hilfreich.

Mit Kindern hingegen hat man einfach keine andere Wahl: Wer springt ein, wenn ein Elternteil krank wird oder einfach wichtige Termine hat? Was, wenn die Eltern mal eine Pause brauchen, um selbst die vielen neuen Eindrücke zu verarbeiten und wieder Kraft zu tanken? Wer kann spontan auf die Kinder aufpassen, wenn der Job mal unvorbereitet Überstunden verlangt? Großeltern fallen naturgemäß leider weg (es sei denn natürlich, sie sind gerade zu Besuch), daher sollte die Suche nach einem verlässlichen Babysitter ganz am Anfang der Einreise stehen. Da viele Familien ihre Babysitter ungern teilen, empfiehlt sich die Suche über Online-Plattformen wie www.care.com oder www.sittercity.com. In den USA ist es üblich, sich als Teenager ein bisschen Geld beim Babysitten zu verdienen. Wenn man sich am jungen Alter nicht stört (die meisten haben ohnehin einen Erste-Hilfe-Kurs belegt), kann man einfach die Teenager-Kinder der Nachbarn fragen oder ein Gesuch am Schwarzen Brett der nächsten *High School* anbringen. Wenn beide Elternteile arbeiten gehen, kann sich das Anheuern einer Nanny oder eines Au-Pairs lohnen. Beide teilen dann jedoch das Haus mit der Expat-Familie, was sicher nicht jedermanns Geschmack ist. Durchaus üblich ist es, dass befreundete Familien abwechselnd beieinander babysitten, so dass jeweils ein Paar eine Auszeit nehmen kann.

Und sollte ein Babysitter mal krank sein oder andere unvorher-
gesehene Dinge die Pläne durchkreuzen, gibt es in vielen Städten
sogenannte *„back-up childcare programs"* vom Anbieter *Bright Ho-
rizons.*

In den USA ist es üblich, dass Fitnessstudios oder YMCAs Babysit-
ting in ihren Einrichtungen anbieten. Und das nicht nur, wenn die
Eltern gerade im Haus sind und Sport machen. Und kindergarten-
ähnliche Betreuungseinrichtungen sind in aller Regel so flexibel,
dass ein Längerbleiben im Notfall möglich ist.

Doch ein Netzwerk ist nicht nur für die Unterbringung der Kinder
wichtig. Zum Netzwerken gehört auch, sich eine Liste an Ärzten
zusammenzustellen, zu wissen, wer im Fall des Falles das Familien-
auto reparieren kann und wie die Telefonnummern der Nachbarn
lauten. Und letztendlich für einen selbst kann ein Netzwerk aus
Freunden unerlässlich sein, die man immer kontaktieren kann,
wenn Fragen auftauchen oder man eine Schulter zum Krafttanken
braucht.

2.7   Armut und Kriminalität in den USA

Die USA sind zwar eine der reichsten Nationen der Welt, doch
erleiden gleichzeitig immer mehr Menschen Hunger. Während
das Bruttoinlandsprodukt fleißig wächst, steigt die Zahl derer, die
Essen über Lebensmittelmarken erhalten. Die Klassengegensätze
verschärfen sich immer mehr und so wird es sich kaum vermeiden
lassen, hier auch auf Elend und Armut zu treffen. Vor allem in den
Großstädten ist das Bild von Obdachlosen gegenwärtig, die ihr
gesamtes Hab und Gut in Einkaufswagen vor sich her schieben.
Auch auf Bettler, die mit einem Pappschild am Straßenrand sitzen,
trifft man oft. Welches Elend sich auf den Straßen des Landes vor
allem in den größtenteils kalten Wintern abspielen muss, mag man
sich kaum vorstellen.

Doch Armut tritt auch deutlich subtiler auf. Viele ältere Arbeitnehmer können nicht in Rente gehen, da ihr Erspartes nicht für
ihren Lebensabend reicht oder weil sie die am Arbeitgeber hän-
gende Krankenversicherung benötigen. Kinder können nicht wie
ihre Freunde zum Sport gehen, da die Arbeitslosigkeit der Eltern
keinen finanziellen Spielraum zulässt. Alleinerziehende Mütter
nehmen gleich drei Jobs an, um ihren Kindern in ferner Zukunft
einen Collegebesuch zu ermöglichen. Junge Familien haben keine Krankenversicherung, damit sie die Raten für ein Haus oder
eine Wohnung abbezahlen können. Geringverdiener wohnen und
übernachten in ihren Autos, da sie sich keinen festen Wohnsitz
leisten können.

Das Bild von den USA als Anti-Sozialstaat stimmt dennoch nicht
ganz. Betrachtet man allein die direkten Ausgaben des Staates für
soziale Zwecke (Gesundheit, Rente, Arbeitslosigkeit, Familie),
liegen die USA knapp unterhalb des Durchschnitts der OECD-
Staaten (20 Prozent des Bruttoinlandprodukts). Länder wie Dä-
nemark, Finnland und Frankreich verwenden darauf mehr als ein
Drittel. Stellt man aber in Rechnung, was der „Sozialstaat" seinen
Bürgern über die Steuern wieder „wegnimmt" (um damit später
die Sozialausgaben zu finanzieren) und umgekehrt andere Länder
ihren Arbeitnehmern über Steuerersparnismodelle etwa für die
private Renten- und Gesundheitsvorsorge zukommen lassen, verschiebt sich das Bild deutlich. Addiert man zu den Sozialausgaben
des Staates die (staatlich unterstützte) Privatvorsorge, springen die
USA plötzlich vor auf Platz 2 des Rankings (hinter Frankreich),
während die skandinavischen Länder und Deutschland deutlich
zurückfallen.

Das Dilemma der zum Teil krassen Einkommensunterschiede und
ungleich verteilten Möglichkeiten löst sich dadurch jedoch nicht
auf. Im Gegenteil: Die Schere zwischen Arm und Reich ist in den
vergangenen Jahren immer weiter auseinandergegangen. Inzwischen besitzt ein Prozent der Bevölkerung 40 Prozent des Gesamt-

vermögens des Landes. 2013 betrug das Vermögen (Besitz minus Schulden) der Topverdiener 639.400 Dollar – sieben Mal so viel wie Familien aus dem Mittelstand besaßen (96.500). Gleichzeitig ist die soziale Mobilität, die im *„American Dream"* – dem Traum vom Tellerwäscher, der eines Tages Millionär wird – seinen Ausdruck findet, längst nicht so groß wie immer gehofft. Ein in armen Verhältnissen geborenes Kind hat eine weitaus geringere Chance als ein Kind von besser verdienenden Eltern, später aufs College zu gehen oder womöglich eines Tages zu den Topverdienern des Landes zu gehören. Das passt nicht wirklich zum *„land of opportunity"*, und viele sind der Ansicht, dass sich die *„economic mobility"* vor allem in den vergangenen Jahren verschlechtert habe. Wie Untersuchungen zeigen, war die jedoch nie so gut es der *American Dream* glauben machen wollte. Die Amerikaner sind gleichwohl der Meinung, dass Armut eine Einstellungssache sei: Harte Arbeit wird als wichtigster Faktor für Erfolg gesehen (laut einer Pew Research Umfrage vertreten 73 Prozent diese Meinung); die Armen seien nur faul, ist eine gängige Behauptung. Nur 40 Prozent der Bevölkerung sieht in Umständen, die außerhalb der eigenen Kontrolle liegen, den Grund für Armut.

Wo Menschen ihre Jobs verlieren und keine Aussicht auf Besserung ihrer Situation haben, ist die Gefahr groß, dass sie kriminell werden. Taschendiebe und Trickbetrüger gibt es natürlich überall, nicht allein in den USA. Da sich allerdings praktisch jeder in Amerika eine Waffe besorgen kann, wird das Thema aber an dieser Stelle brisant. Selbstverständlich gilt es, gefährliche Viertel zu meiden und niemanden zu provozieren, der möglicherweise eine Waffe bei sich tragen könnte. Sollte man sich jedoch wirklich einmal einer Waffe gegenübersehen, dann sollte man in jedem Fall machen, was das Gegenüber verlangt, und keine John-Wayne-Imitation hinlegen.

2.8   Extreme Wettersituationen und Vorbereitung auf Katastrophen

Die USA sind auch in Bezug auf Wetter und Klima ein Extrem. In den nördlichen und mittleren Landesteilen herrschen kühle Winter und warme Sommer vor, in Kalifornien und in Hawaii sind sowohl Winter als auch Sommer warm, im Sommer regnet es jedoch oft. Der Südosten der USA ist gekennzeichnet durch milde Winter und heiße Sommer und der Süden Floridas ist bereits dem Tropenklima zuzuordnen. Ob Hurrikane, Schneestürme, Blizzards, Tornados, Überflutungen oder Erdbeben – in den USA ist für jeden Geschmack etwas dabei. Dies ist auch nicht weiter verwunderlich, hält man sich vor Augen, dass es in den USA sieben Zeitzonen gibt: *Eastern Standard Time* in den Östlichen Bundesstaaten, *Central Standard Time* und *Mountain Standard Time* in der Mitte und im Westen, *Pacific Standard Time* im äußersten Westen, *Yukon Time* in Alaska und *Hawaii Standard Time* auf den gleichnamigen Inseln. Das Wetter und seine Extreme sind oft Gesprächsthema Nummer eins, denn das öffentliche Leben hängt stark hiervon ab. Da der Großteil des Stromnetzes noch immer überirdisch verläuft, ist dieses besonders anfällig für Störungen. Regelmäßig legen Schneestürme daher weite Landesteile lahm und lassen die Bewohner nicht nur im Dunkeln sitzen, sondern auch in der Kälte frieren, bis die Crews der Stromfirmen das Netz wieder geflickt haben. Aber auch ein Stromausfall im Sommer ist alles andere als angenehm. Da die Sommermonate vielerorts sehr heiß sind, wird das Leben ohne Klimaanlage und Kühlschrank zur Herausforderung. Von Juni bis November können Wirbelstürme aus der Karibik bis in den Nordosten der USA ziehen und eine Spur der Verwüstung hinterlassen, wie zuletzt im Oktober 2012 beim Hurrikan Sandy, der in New Jersey „*landfall*" machte. Der Westen des Landes wartet quasi permanent auf das große Erdbeben, das Forscher schon seit Jahren vorhergesagt haben. Und in der sogenannten „*Tornado Alley*", einem Streifen verschiedener Bundesstaaten im Mittleren Westen, haben regelmäßige Tornados nicht gerade übermäßig große Beliebtheit.

Da das Thema Sicherheit in den USA jedoch eine große Rolle spielt, weiß im Prinzip bereits jedes Kind, was es in welcher Krisensituation zu tun hat. Und hat sich beispielsweise ein Schneesturm angekündigt, berichten die Fernsehstationen über nichts anderes mehr und schicken Reporter vor Ort, die die erste Schneeflocke filmen. Während Deutsche im Allgemeinen bei einer Schneewarnung einfach mit den Schultern zucken, zu Hause bleiben und sich einen gemütlichen Abend vorm Fernseher machen würden, beginnt in den USA eine fein eingestellte Krisen-Maschinerie. Zunächst beginnt alles mit einem *„watch"*, der ersten von zwei Eskalationsstufen. Bei einem *„severe weather watch"* geht man davon aus, dass sich extreme Wetterbedingungen bilden könnten. Bei der nächsten Stufe, dem *„warning"*, steht bereits außer Frage, dass dieses Wetter eintreffen wird. In diesem Fall sollte man schleunigst Vorkehrungen für die eigene Sicherheit treffen. Um beim Beispiel eines Schneesturms zu bleiben, könnten dies sein: Reisepläne ändern und die Kinder nicht zur Schule schicken, Lebensmittel, Wasser, warme Decken und Taschenlampen besorgen, das Auto volltanken und Bargeld abheben, schnell nochmal Wäsche waschen und das Handy aufladen. Unter www.usa.gov/Topics/weather.shtml gibt es zahlreiche Anregungen für eine angemessene Vorbereitung auf verschiedene Wetterphänomene.

Unter www.nixle.com kann sich jeder mit seiner Handynummer registrieren lassen und erhält anschließend lokale Polizeimeldungen, darunter auch Wetterwarnungen, jedoch nicht ausschließlich, per SMS. Auch zahlreiche Kommunen bieten einen solchen Service an, Informationen hierzu stehen auf den entsprechenden Webseiten der Städte und Gemeinden.

Auch die Auslandsvertretungen der Bundesrepublik Deutschland fordern Expats und Auswanderer auf, sich bei der für sie zuständigen Vertretung im Ausland als Deutscher freiwillig registrieren zu lassen. In Krisen- und Evakuierungsfällen erleichtert dies den Teams die Arbeit. Eine solche Registrierung ist online möglich unter www.auswaertiges-amt.de.

Seit mehr als 125 Jahren steht die Freiheitsstatue im Hafen von New York City. Nebenan, auf Ellis Island, mussten sich die Einwanderer seinerzeit registrieren lassen. Jetzt ist das Island eine Museumsinsel.

3 Eingelebt – zu Hause in einer neuen Welt

Die Aufregung hat sich gelegt, die Kisten sind ausgepackt, das Haus ist eingerichtet, und so können Sie nun selbst beginnen, sich in Ihrem neuen Leben zu arrangieren. Dieses mentale Einrichten kann im Zweifel mehr Kraft kosten als das Verrücken von Möbeln. Es ist aber auch eine Chance.

3.1 Neustart im „Land of opportunity"

Die einzige Konstante im Universum sei die Veränderung, sagte Heraklit. Das Leben ändert sich beständig, manchmal ist das gewollt, manchmal durch äußere Umstände bewirkt. Eine Auslandsdelegation ist vielleicht Letzteres oder eine Mischung aus beidem. Die Theorie von Veränderungsprozessen besagt, dass am Anfang jedes Wandels das Loslassen steht: Es muss erst etwas enden, ehe etwas Neues beginnen kann. Die Reise ins Expat-Dasein beginnt mit einem Abschied – und der ist spätestens dann offensichtlich, wenn der Umzugscontainer vor der Tür steht. Natürlich bleibt man der Heimat verbunden, das will und soll man auch! Man baut zwar seine Zelte ab, gibt aber seine alten Bindungen nicht auf. Das eigene Land wird immer die Heimat bleiben, egal wie lange man fort ist. Trotzdem wird man sich verabschieden müssen, von seinem Netzwerk, den Routinen, Tagesabläufen und Tagesinhalten. An die entstehende Leerstelle tritt etwas Neues.

Unternehmen bedienen sich Veränderungstheorien, wenn es darum geht, Umstrukturierungen erfolgreich durchzusetzen. Denn ohne die Menschen funktioniert das nicht, die müssen „mitgenommen" werden. Sie müssen auf die Veränderungen vorbereitet und während des konkreten Umbaus begleitet werden, damit sie am Ende in der neuen Struktur weiter arbeiten können.

Wie sich die Menschen dabei fühlen? Das erklärt der US-amerikanische Unternehmensberater und Autor William Bridges in seinem (ebenfalls auf Änderungsprozesse in Unternehmen abzielenden) Praxismodell: Danach kann der bevorstehende Wandel zunächst Ablehnung, Furcht, Frustration auslösen. In der zweiten Phase, der *„transition"*, sind die Menschen vielfach überfordert, stark verunsichert, zweifeln daran, ob die Veränderung richtig und nötig war. Das Bedürfnis, einfach alles hinzuschmeißen, ist groß. Doch (zum Glück) folgt dann Phase 3, der Neubeginn. Die Menschen fühlen sich energiegeladen, sie haben die Veränderung akzeptiert und bauen ihre Fähigkeiten aus, um mit der neuen Situation zurechtzukommen.

Wie der Neuanfang aussieht, muss jeder selbst entscheiden. Oder vielmehr: Darf jeder selbst entscheiden. Ein Expat-Leben ist kein von oben verordneter neuer Lebensentwurf. Zwar kommt der Anstoß für die Veränderung, die Delegation, von außen (dem Unternehmen des Partners). Mit welchen Inhalten das neue Dasein gefüllt wird, liegt in den eigenen Händen. Der Prozess wird nicht frei von negativen Gedanken und Gefühlen sein, es wird Phasen geben, in denen Verunsicherung und Frustration das Leben bestimmen. Doch das ist normal!

3.2   Zurück an den Herd – Schock oder Chance?

Sie werden es vermutlich nicht gerne hören, geschweige denn wollen – aber auf einer Delegation fällt das Managen der Familie in den allermeisten Fällen den Mit-Delegierten zu – und das sind in erster Linie die Frauen. Sie sind erst mal oder vielleicht überhaupt gar nicht berufstätig in der Zeit. Vor allem wenn Kinder da sind, ist es darüber hinaus schlicht hilfreich und praktikabel, wenn ein Elternteil (vor allem in den ersten Monaten) Vollzeit die Rolle übernimmt.

Aber: Wie füllen Sie die (alte) Rolle (neu)?

Es ist schon so anstrengend, den Kühlschrank mit Essen und den Kopf der Kinder mit Erziehung zu füllen. Jetzt kommt als Erschwerniszulage noch das Ausland dazu. Zu den üblichen Dramen des Alltags gesellen sich weitere hinzu, speziell in der Anfangszeit: die Freunde fehlen, die Oma auch, das Lieblingsmüsli gibt es ebenso wenig wie Bürgersteige zum Radfahren.

Auch emanzipatorisch mögen Sie es als Rückschritt empfinden, ins Hausfrauendasein zurückzukehren. Die alte Rollenverteilung schien doch längst passé, zumindest was Sie selbst betraf. Wie konnte es also passieren, dass Sie jetzt dem Mann hinterherziehen, ihm – man mag es kaum aussprechen – „den Rücken freihalten"? Hatten Sie sich nicht geschworen, das auf keinen Fall zu tun?

Doch es nützt nichts: Wer sich auf eine Auslandsmission begibt, entscheidet sich zwangsläufig (in den allermeisten Fällen) für das alte Rollenbild, der erklärt sich bereit, wieder Vollzeit in den Familienjob einzusteigen. Zumindest auf absehbare Zeit. Diesen entscheidenden Aspekt sollten Sie bedenken. Besser, man begibt sich sehenden Auges ins Chaos von Küchen- und Kinderbetreuung als davon überrascht zu werden. Bei einer Entsendung steht beruflich betrachtet nur einer im Mittelpunkt: der Entsandte selbst. Wo Ihr Job bleibt, ist (zunächst) irrelevant. Im Gegenteil: Es wird – in den Unternehmen oftmals allzu selbstverständlich – davon ausgegangen, dass die Frau ihren Part dazu beiträgt. Und der heißt eben: Haus und Kinder hüten.

Aber: Es ist kein Drama, das Büro gegen das Heim einzutauschen und zu versuchen, dort seine ganz persönliche Herausforderung zu finden. Nur Hausfrau zu sein klingt in unseren emanzipatorischen Zeiten schon fast wie ein Schimpfwort, wie ein Synonym für Einfalt und mangelnden Ehrgeiz. Trotzdem und zum Glück entscheiden sich auch heute noch viele Frauen bewusst für diese Aufgabe und für sie wird es vergleichsweise einfach sein, in dieser schon bekannten (und gewollten) Familienposition in ein anderes Land zu ziehen. Alle anderen sollten zuerst mit ihren Vorurteilen gegenüber „den Hausfrauen" aufräumen und dann über so viel Selbstbewusstsein verfügen, dass sie sich erhobenen Hauptes in diese neue alte Rolle begeben.

Zumal es auch nur um ein paar Jahre geht. Außerdem ist es ja nicht so, dass Sie vorher nur gearbeitet hätten. Wenn Kinder da sind, womöglich ein Haus und ein Hund, wird sich jemand darum gekümmert haben – und im Zweifel werden Sie selbst diejenige gewesen sein. Es fällt also genaugenommen nur ein, wenn auch der vermeintlich „richtige" Job weg. Der andere bleibt erhalten, wird vor allem am Anfang einer Delegation viel arbeitsintensiver sein als bislang. Und der Rest der Zeit ist frei, hoffentlich für neue Gedanken und Wege.

Vielleicht ist alles aber auch ganz anders und der (zeitlich befriste-te) Ausstieg aus dem Beruf kommt ganz gelegen. Vielleicht nicht auf den ersten, so doch auf den zweiten Blick. Vielleicht war es gerade ein bisschen langweilig im Job geworden, ein bisschen zu viel Routine. Oder das Gegenteil davon, das Unternehmen befin-det sich im Umbruch, Kollegen gehen, die Stimmung ist nicht die beste. Oder die Doppelrolle des Berufstätig- und Mutterseins ist in der letzten Zeit immer häufiger zur Doppelbelastung geworden. Im Dreieck zwischen Küche, Kinder und Karriere bleibt nicht viel Zeit, außer für ein schlechtes Gewissen. Insofern kann eine Dele-gation auch ein Glücksfall sein. Was kann es Besseres geben, als einmal aus dieser Routine auszubrechen? Eine Art Mutterkur auf Kosten des entsendenden Unternehmens.

Wer Kinder hat, dem wird eine Auszeit in Deutschland zudem recht einfach gemacht. Drei Jahre Elternzeit pro Kind eröffnen eine Menge Spielraum für Delegationen ins Ausland. Mit dem Wissen, dass Ihre Stelle erhalten bleibt, werden Sie sich relativ beruhigt aus Ihrem Berufsleben verabschieden können. Sie kommen ja wieder. Wo die Elternzeit nicht reicht, bleibt die Möglichkeit, Sabbatmonate oder eine unbezahlte Auszeit auszuhandeln.

Die nächste große Herausforderung nach dem Jobausstieg wird die Suche nach neuen Betätigungsfeldern sein. Sind die ersten Monate im neuen Zuhause erst einmal vorbei, wird sich so etwas wie ein neuer Alltag einstellen. Und dann wird sich die Frage stellen: Was passiert jetzt? Wie füllen Sie die Zeit, wenn die Kinder in Kindergarten und Schule sind? Sie müssen morgens nicht mehr aus dem Haus gehen, es gibt keinen Job, der wartet. Aber was wartet dann? Früher blieb vermutlich nicht viel Zeit, darüber nachzudenken. Job, Haus, Familie, das waren der Beschäftigungen genug. Doch plötzlich tut sich da ein Loch auf, und das will gefüllt werden.

3.3   Was tun, wenn man nichts tun muss

Die folgenden Abschnitte erheben keinen Anspruch auf Vollständigkeit. Die Möglichkeiten, ein Expat-Leben zu gestalten, sind so vielfältig und individuell, dass jeder Versuch, eine allgemeingültige Liste zu erstellen, scheitern muss. Jeder muss und kann eine für sich passende Lösung finden; hier sind nur ein paar Denkanstöße.

3.3.1   Die Faulheit zelebrieren

Herrlich, einfach nichts tun! Das müssen Sie erst mal dürfen. Raus aus dem Job, raus aus der Routine und rein in das Vergnügen eines neuen Lebens, wenn auch auf Zeit. Es dürfte nichts Großartigeres geben als die Chance auf einen Neuanfang – auch wenn das Neue nichts weiter beinhaltet als das Leben zu genießen. Abgesehen von größeren oder kleineren Turbulenzen, die das Leben im Allgemeinen und eine Auslandsdelegation im Besonderen mit sich bringt. Es wird in jedem Fall aufregend sein. Es gibt viel zu entdecken, eine neue Umgebung, neue Städte, neue Menschen oder so banale Dinge wie neue Supermärkte.

Und Sie haben etwas, das Sie vorher in dem Umfang womöglich nicht hatten: Zeit. Für Sport, Kulturelles, Bücher, Kaffeetrinken. Klingt wie ein Klischee, ist es auch, aber das sollte Sie nicht davon abhalten, es auszuleben. Sie müssen nicht hektisch nach der Arbeit einkaufen, sondern können das in Ruhe tun, es ist Zeit für Arztbesuche, Frisörtermine, Zeit fürs Vorbereiten von Kindergeburtstagen, fürs Kochen, auf das Sie vielleicht sogar Lust haben, fürs E-Mail-Schreiben, um die Daheimgebliebenen auf dem Laufenden zu halten, zum Urlaubsvorbereiten, schließlich wollen Sie im neuen Land herumreisen.

Allerdings will das Nichtstun auch gelernt sein. Sie müssen nun selbst dem Tag Struktur verleihen. Es ist viel schwerer, sich aus eigenem Antrieb zu etwas aufzuraffen, als wenn der Job wartet, der automatisch die Stunden mit Inhalten füllt. Was Sie auf keinen Fall tun dürfen, ist, das alte schlechte Gewissen, eine Rabenmutter zu sein – weil Sie ja „nebenher" noch gearbeitet haben – durch ein neues schlechtes Gewissen ersetzen, dass Sie jetzt einfach „nur" noch zu Hause sind. Erstens, was heißt schon „nur"? Und zweitens, warum eigentlich nicht nur? Warum nicht mal nur zu Hause sein, da waren Sie doch früher eher selten. Warum nicht mal Zeit auf dem Sofa verbringen, auch wenn es noch nicht neun Uhr abends ist.

Sie werden sich allerdings daran gewöhnen müssen, dass Sie keiner mehr fragt, was Sie denn machen. Sie machen ja nichts, „machen" im Sinne von arbeiten. Denn das ist es ja, worauf diese Frage etwa auf einer Party abzielt. Geschichten über das Leben als Hausfrau will niemand hören. Schade eigentlich.

Blick ins amerikanische Familienleben

Die Familie hat in der amerikanischen Gesellschaft einen hohen Stellenwert. Freunde, Job, Karriere stehen auf der Prioritätenliste erst dahinter. Und so scheint es fast selbstverständlich, eines Tages zu heiraten und Kinder zu bekommen. Dabei sind Rollenbilder viel weniger stark ausgeprägt. 70 Prozent der Mütter mit Kindern unter 18 sind berufstätig, und sie tun das, ohne dass ihnen damit unterstellt würde, sie vernachlässigten ihre Mütterpflichten. Natürlich müssen viele auch arbeiten, weil ein Gehalt in den Großstädten und Speckgürteln von Metropolen wie New York City oder Washington nicht reicht. Oder weil die teure College-Ausbildung der Kinder (vor-)finanziert werden muss. Oder weil man eine Krankenversicherung benötigt, und die hängt in den USA an einem Arbeitgeber.

Weil Teilzeitstellen (*„part time jobs"*) eher selten zu finden sind, sind die meisten Frauen (74 Prozent) ganztags berufstätig, und das ist nicht selten mit einem erheblichen Stressfaktor verbunden. Doch deshalb wird nicht gejammert oder auf Kinder gar verzichtet. Die amerikanische Frau weiß, was auf sie zukommt: eine hektische und anstrengende Zeit, mit einem Kind auf dem Arm, das Handy am Ohr, immer unterwegs und *busy* und *„always on the run"*. Das aber wird als gegeben hingenommen und so wird auch gar nicht lange darüber diskutiert, ob man Kinder bekommt und wann der vermeintlich beste Zeitpunkt ist. Nicht zaudern und hadern, sondern einfach machen, das ist die Maxime in allen Dingen des Lebens, so auch bei der Familiengründung. Irgendwie, so denken sich die Amerikaner mit dem ihnen innewohnenden Optimismus, wird es schon klappen, muss es klappen. Und das tut es dann auch. Und natürlich: Wer genug verdient, engagiert eine Nanny, die dann den Haushalt organisiert.

Abgesehen davon bringen sich auch die Männer in das Familienleben ein. Wenn ein Vater früher nach Hause geht oder später kommt, weil ein Kind krank ist oder eine Geburtstagsfeier ansteht, wird das akzeptiert. Mehr noch: Kollegen und Chefs nehmen regen Anteil daran. Niemand wird deshalb schief angesehen, weil er der Familie mindestens so viel, wenn nicht mehr Bedeutung beimisst als Job und Karriere. Natürlich gibt es die Büros an der Wall Street und anderswo, in denen noch abends um 10 Uhr die Lichter brennen. Doch ganz grundsätzlich wird Männern, die sich für ihre Kinder und ihre Familie engagieren, nicht unterstellt, sie hätten wohl keine Lust zu arbeiten oder wollten nicht vorankommen.

Der Staat hält sich bei all dem raus. Staatliche Einmischung in private Angelegenheiten wünscht der freiheitsliebende Amerikaner ganz allgemein nicht, das gilt auch für die Familie. Und so gibt es weder Mutterschutz noch Elternzeit, weder Elterngeld noch Ehegattensplitting. Wer nach der Geburt des Kindes zu Hause bleiben möchte, kann das im Rahmen des *„Family and Medical Leave Act"* für maximal zwölf Wochen (unbezahlt) tun. Danach muss man sich entscheiden: zurück in den Job oder kündigen. Viele Frauen tun auch Letzteres, sofern sie es sich leisten können, und widmen sich dann bewusst den Kindern. Doch das muss keineswegs der Anfang vom Ende der Karriere sein. Selbst nach einer Pause von mehreren Jahren kehren die Frauen oftmals problemlos in den Job zurück. Viele fangen sogar bei ihren alten Arbeitgebern auf ihren alten Positionen wieder an. Oder – auch das ist typisch amerikanisch – man macht sich selbst zum Chef und selbstständig. Das amerikanische Leben zeichnet sich durch eine große Flexibilität aus: Wohnorte werden ebenso verändert wie Lebensentwürfe.

Der Geburtenrate scheint das System jedenfalls gut zu tun: Die sinkt zwar wie die Raten in allen entwickelten Ländern, liegt mit zuletzt zwei Kindern pro Frau aber immer noch deutlich über dem

Schnitt in Deutschland von 1,4 – trotz der Milliarden, die der deutsche Staat für seine Eltern ausgibt.

3.3.2   Die Familie um einen Amerikaner bereichern

Mit dem kleinen Ausflug ins amerikanische Familienleben wären wir schon bei der zweiten Beschäftigungsmöglichkeit: ein Kind bekommen. Eine Auslandsdelegation mag ein idealer Zeitpunkt zur Familiengründung oder -erweiterung sein. Wenn Sie sowieso ein Kind wollten oder über ein zweites, drittes, viertes Kind nachgedacht haben, spricht eigentlich nichts dagegen, dieses Vorhaben jetzt in die Tat umzusetzen. Beruflich müssen Sie ohnehin eine (Zwangs-)Pause einlegen und sind dabei, sich wieder ans Vollzeit-Mutterdasein zu gewöhnen, da fällt ein Kind mehr oder weniger nicht auf. Vor allem nicht in den USA.

Das Kind als Segen

Der Amerikaner liebt Kinder. Viele Kinder. Familien mit drei oder vier Kindern sind vielerorts eher die Regel als die Ausnahme. Ohne dass es dafür finanzielle Anreize durch den Staat gäbe und mit dem gleichzeitigen Wissen um anstrengende Jahre, an dessen Ende quasi als Belohnung eine teure Collegeausbildung steht. Aber so weit und pessimistisch denkt der Amerikaner nicht. Kinder gehören für ihn zum Leben einfach dazu, eine Schwangerschaft, auch die von anderen, wird mit großer Neugierde und Anteilnahme begleitet. Und ist es dann auf der Welt, stehen Nachbarn und auch nur lose Bekannte plötzlich mit Geschenken vor der Tür.

Diese Kinderliebe erkaltet jedoch dann nicht abrupt. Anders als in Deutschland haben Familien in Amerika nur selten das Gefühl, nicht willkommen zu sein. Sei es in Geschäften oder Restaurants. Lärm, Dreck, Unordnung werden in Kauf genommen, wegen seiner Kinder wird (in der

Regel) keiner der Tür verwiesen. Kinder werden nicht als Hindernis, sondern als Bereicherung empfunden – diese positive Einstellung kann inspirierend wirken. *„God bless you"* – das ist es, was Amerikaner über kinderreiche Familien denken. Und nicht etwa: „Um Gottes willen, die wollen jetzt aber nicht hier neben uns sitzen und essen."

Wichtig fürs Kinderkriegen ist natürlich das Vorhandensein einer guten Krankenversicherung. Für die Betreuung Schwangerer ist in erster Linie ein Frauenarzt mit Geburtshelferausbildung zuständig, ein OB/GYN *(„Obstetrician/Gynecologist")*. Dieser leitet letztendlich auch die Geburt im Krankenhaus und führt im Fall des Falles auch einen Kaiserschnitt durch. Da der Arzt an ein bestimmtes Krankenhaus gebunden ist, sollte man sich vorher informieren, ob dieses auch tatsächlich in der Nähe des eigenen Wohnortes liegt. Es kommt eher selten vor (acht Prozent der Geburten), dass die Schwangerschaftsbetreuung parallel oder ausschließlich eine Hebamme *(„midwife")* übernimmt. Manche Kliniken haben auch gar keine Hebammen auf der Geburtsstation. Wer also eine Betreuung durch eine Hebamme wünscht, muss sich rechtzeitig darum kümmern und unter Umständen längere Anfahrtszeiten zur Praxis in Kauf nehmen. Zu klären ist auch, mit welchem Krankenhaus die Hebamme zusammenarbeitet.

Viele Frauen nehmen zur Entbindung wenn schon keine eigene Hebamme, so doch eine sogenannte *„doula"* mit. Das sind geburtserfahrene Frauen, die bis zur Geburt bei der Gebärenden bleiben, sie unterstützen, Wehen veratmen usw. Aber Vorsicht: Diese sind in nicht allen Krankenhäusern gern gesehen.

Wer schon einmal in Deutschland schwanger war, dem wird unter Umständen auffallen, dass weniger Ultraschalluntersuchungen durchgeführt werden, in der Regel sind es – wenn keine Komplikationen vorliegen – zwei. Auch einen Mutterpass gibt es nicht. Ansonsten stehen auch in den USA sämtliche pränatal-diagnostischen Verfahren wie eine Fruchtwasseruntersuchung zur Verfügung. Weniger weit verbreitet dagegen sind Geburtsvorbereitungskurse (*„Parenting Classes"* oder *„Birthing Classes"*); am ehesten fündig wird man in selbstständigen Hebammenpraxen, Yogastudios oder bei den Kommunen.

Die Geburt selbst hat eine viel stärkere medizinische Komponente als in Deutschland. Sehr viel mehr Frauen lassen sich eine *„epidural"*, eine Epiduralanästhesie, geben oder entbinden gleich per Kaiserschnitt. Ist der Geburtstermin überschritten, fackelt ein amerikanischer Arzt in der Regel nicht lange und beginnt schon bald mit der Einleitung. Grund ist auch hier die Angst vor teuren Schadenersatzansprüchen.

Der wohl größte Unterschied ist die Nachsorge: Eine Hebamme, die je nach Bedarf sogar täglich in der Anfangszeit nach Mutter und Baby sieht, gibt es in den USA nicht. Nach zwei Tagen Krankenhaus steht man mit seinem kleinen Bündel daheim und hat in erster Linie seinen OB/GYN und den Kinderarzt als Ansprechpartner. Glücklicherweise erfreuen sich Eltern-Zentren mit einem ganzheitlichen Anspruch, Stillberater und auch Ärzte mit dem Fokus auf natürlichen Geburten immer größerer Beliebtheit. Und wer sich für eine *doula* entschieden hat, kann diese auch für das Wochenbett engagieren, hier vor allem jedoch für leichtere Hausarbeiten und das Entertainment der größeren Geschwisterkinder.

Stillen ist mittlerweile nichts Besonderes mehr, auch wenn die Zahl der Flaschenkinder nach wie vor sehr hoch ist. Dennoch mögen es die Amerikaner nicht, einer Frau beim öffentlichen Stillen zusehen zu müssen. Es gibt unzählige Stilltücher in allen Varianten, mit der sich die stillende Mutter bedecken kann und auch sollte. Im Sommer bei heißen Temperaturen ist es draußen nicht immer angenehm für Mutter und Kind. Und auch eine Herausforderung, wenn das schon etwas größere Kind versucht, während des Stillens partout so viel wie möglich von seiner Umgebung mitzubekommen und das Stilltuch zur Seite zieht. Dennoch: Man sollte allein aus Respekt vor Schamgefühlen in ein Stilltuch investieren und dieses auch nutzen.

Viele Kinderarztpraxen und Krankenhäuser bieten Still-Sprechstunden an und Laktationsberaterinnen sind landesweit bei zahlreichen Organisationen aktiv. Wer mag, findet überall Kurse in Babymassage oder Mutter-Kind-Yogagruppen. Da das Thema Sicherheit in den USA eine große Rolle spielt, nehmen Eltern besonders gern an Erste-Hilfe-Trainings für Babys teil.

Wer auf ausreichend Schlaf auch nach der Geburt nicht verzichten möchte, kann sich sogar eine Krankenschwester ins Haus holen, die das Füttern und Herumtragen des Neugeborenen in der Nacht übernimmt. Eine clevere Geschäftsidee, die jedoch natürlich einen stattlichen Preis hat.

Zu den Besonderheiten einer amerikanischen Schwangerschaft zählt der *„baby shower"*. Noch bevor das Kind (traditionell findet ein *baby shower* nur für das erste Kind statt) geboren ist, treffen die – weiblichen – Verwandten und Freunde im Haus der Schwangeren zusammen und überhäufen die werdende Mutter mit zumeist nützlichen Geschenken. Ein Klassiker ist der *„diaper cake"*, ein Kuchen gebaut aus Windeln, zahlreiche Anleitungen dazu finden sich im Internet! Es ist ein Spaß für alle, die das Werden des neuen Lebens mit großer Freude begleiten.

Und noch etwas wird der in den USA zur Welt kommende Familienzuwachs mitbringen: den amerikanischen Pass. Als Einwanderungsland Amerika ist es eine Selbstverständlichkeit, dass jedes Kind, das auf amerikanischem Boden geboren wird, die Staatsbürgerschaft erhält. Es genügt ein Gang auf eine örtliche Behörde oder gar das Postamt, um bald den mit Adler verzierten Pass in Händen zu halten. Nähere Informationen finden sich unter: http://travel. state.gov/

Wer zusätzlich zur amerikanischen auch eine deutsche Geburtsurkunde oder einen deutschen Reisepass möchte, der muss sich
an eines der Konsulate oder die amerikanische Botschaft wenden
(welche Dokumente mitzubringen sind, lässt sich auf der Internetseite http://www.germany.info/Vertretung/usa/de/Startseite.html
in Erfahrung bringen). Ein Reisepass ist recht unkompliziert zu
bekommen – das Ausstellen der Geburtsurkunde dauert zwischen
einem und zwei Jahren, da hierfür das Standesamt 1 in Berlin zuständig und dank zahlreicher Auslandsgeburten mächtig im Stress
ist. Die Meldung der Geburt bei den deutschen Behörden – sei
es nun im Konsulat oder auch direkt in Deutschland – ist nicht
zwingend vorgeschrieben. Haben die Eltern die deutsche Staatsbürgerschaft, so hat das Kind diese automatisch auch. Es bleibt
sein Leben lang Doppelstaatsbürger. Es sei denn, es gibt eine der
Staatsbürgerschaften später freiwillig ab.

Was passiert mit dem Kind, wenn beiden Eltern etwas zustößt?
Niemand macht sich solche Gedanken gern. Wenn beide Elternteile die deutsche Staatsbürgerschaft haben (oder zumindest keine
amerikanische), kann sich das Anfertigen eines Testaments lohnen,
in dem ein Vormund bestimmt wird. Das Nachfragen bei einem
Notar (*„notary public"*) des jeweiligen Bundesstaats lohnt in jedem
Fall!

Im Übrigen sollten Sie einen Satz kennen, wenn Sie sichtbar
schwanger durch die Gegend laufen: *„When are you due?"* – werden
alsbald viele wissen wollen: „Wann kommt das Baby?"

3.3.3   Den eigenen Kopf mit neuen Inhalten füllen

Wie lange ist es eigentlich her, dass Sie etwas für die Bildung getan
haben? Für die der Kinder haben Sie sich vermutlich mit großem
Nachdruck eingesetzt. Aber die eigene Ausbildung dürfte schon
ein paar Jahre zurückliegen. Für mehr oder Neues fehlte womöglich die Zeit oder der Antrieb.

Das lässt sich jetzt nachholen.

Die Möglichkeiten sind vielfältig und eine der naheliegenden ist es, in Amerika die englische Sprache zu lernen beziehungsweise zu perfektionieren. Viele Unternehmen bieten mitreisenden Partnern bereits vor dem Umzug Kurse an, die dann im Ausland fortgesetzt werden können. Privat oder in der Gruppe, an Sprachschulen oder Colleges.

Es empfiehlt sich auch, eine Zeitung zu abonnieren, online oder in Papierform. Es gibt in den USA einige herausragende Printmedien wie *New York Times, Washington Post, Los Angeles Times, Chicago Tribune, Boston Globe* oder das *Wall Street Journal*. Hier erfahren Sie nicht nur, was in Ihrem Gastgeberland passiert, sondern auch, was die USA über Deutschland und Europa denken. Das kann sehr aufschlussreich sein. Die Zeitungslektüre ist überdies eine gute Lehrstunde in englischer Sprache. Die Zeitungssprache zu verstehen, speziell die Überschriften, mag einem anfangs schwer fallen. Doch das gibt sich mit der Übung der täglichen Lektüre!

Eine andere Möglichkeit ist Radiohören. Ein informations- und auch kulturorientiertes Programm in amerikanisch-unterhaltsamer Form bietet der Sender NPR („*National Public Radio*") an. Neben Nachrichten aus aller Welt, die von der BBC geliefert werden, produziert der Sender ein vielseitiges Programm mit Interviews und Hintergründen; sie geben Einblick in die amerikanische Gesellschaft, informieren über aktuelle Themen und schulen nebenher das Gehör für die englische Sprache.

Das genügt Ihnen nicht? Dann besuchen Sie Fortbildungskurse. Die einfachste Möglichkeit ist es, die örtliche „Adult School" aufzusuchen. Das ist so etwas wie eine Volkshochschule mit dem üblichen Angebot: Fotografieren, Kochen, Malen, Nähen, Tanzen, Gärtnern. Doch auch ungewöhnlichere Dinge wie richtiges Entrümpeln, Twittern und Geldverwalten können Sie dort erlernen. Alternativ bieten sich die „*Community Colleges*" an. Die sind nämlich nicht nur zum Studieren da, sondern wenden sich auch an diejenigen, die sich weiterbilden oder persönlich „bereichern" wollen. Entsprechend lautet der Titel der Kurse: *„Enrichment Program"*.

Wer noch einen Schritt weitergehen will, erwirbt ein Zertifikat. Auch hier gibt es ein breites Spektrum, angefangen von Buchhaltung über Fundraising bis hin zum Grafikdesign. Einer formalen Anmeldung an der Institution, sei es College oder Universität, bedarf es nicht. Man schreibt sich lediglich für den Kursus ein, online oder telefonisch, und bezahlt. Das Angebot läuft vielfach unter dem Titel *„Continuing Education"*; an vielen Colleges und Universitäten existiert ein eigenes Department für diese Art der Weiterbildung, die sich unter anderem an Berufstätige wendet, die sich fortbilden oder umorientieren möchten. Die Kosten sind unterschiedlich, je nach Länge und Anbieter. Die Kurse laufen – abgesehen von einer Sommerpause – das ganze Jahr über. Wer die entsprechenden Scheine erworben hat (meist wird man dazu ein bis zwei Jahre benötigen), bekommt das Zertifikat ausgestellt.

Sie können auch wieder studieren – was allerdings aufwendiger ist. Denn dafür müssen Sie sich bewerben. Grundsätzlich ist das an einem *Community College* einfacher, die Zugangshürden sind niedriger und die Studiengebühren geringer. Außerdem dauert die Ausbildung nur zwei Jahre (gegenüber vier Jahren bei einem Vollstudium). Der Abschluss nennt sich *„Associate Degree"*. Schulabgänger gehen oft aufs *Community College*, um sich auf einen Beruf vorzubereiten oder später in ein Bachelor-Studium an einem College oder einer Universität einzusteigen. Als Ausländer lohnt sich auf jeden Fall ein Blick in das Angebot. Zum einen, weil sich – wie der Name schon sagt – das College in der *Community* befindet, also womöglich je nach Wohnort „um die Ecke" liegt. Zum anderen weil sich der Aufwand für den Bewerbungsprozess in Grenzen hält.

Ganz anders als bei den *Graduate*-Programmen der Universitäten. Wer hier einsteigen will, braucht etwas Geduld und darf einen gewissen Aufwand nicht scheuen. Die Hochschulen in den USA sind autonom, das heißt, inwieweit Bildungsabschlüsse anerkannt und welche Studenten nach welchen Kriterien ausgewählt werden, ist ihnen überlassen. Bei der Anerkennung deutscher Bildungsabschlüsse können Organisationen (gegen Bezahlung) helfen, sogenannte „*Credential Evaluation Services*". Eine Liste zertifizierter Anbieter findet sich unter www.naces.org.

Für weitere Informationen zum Thema Bildung werfen Sie einen Blick auf die vom amerikanischen Außenministerium geförderte Seite www.educationusa.info.

Sollten Sie sich Sorgen über das „Wann" Ihrer Weiterbildung machen, so seien Sie beruhigt: Kurse finden immer statt. Morgens, mittags, abends, komprimiert am Wochenende oder online!

Eine ganz andere Möglichkeit ist es, im deutschen System zu bleiben und sich per Fernstudium weiterzubilden. Der einzige Nachteil ist, dass Sie dies dann von zu Hause aus machen und sich nicht in die amerikanische Gesellschaft hineinbegeben – was einer der positiven Nebeneffekte einer Aus- und Weiterbildung in dem fremden Land sein kann.

3.3.4   Ein guter Citizen sein

Es gibt ein beliebtes Quizspiel, in dem eine Frage lautet: „*What percent of Girl Scout Cookies sold are Thin Mints?*" Plätzchen der Pfadfinderinnen – Mintgeschmack? Sie werden bei dieser Frage nur die Schultern zucken können. Der einmal im Jahr stattfindende Verkauf der – nicht selbst gemachten – *Cookies* gehört gewissermaßen zum kulturellen Inventar der amerikanischen Gesellschaft. Die *Girl Scouts* stehen vor Supermärkten oder in Straßen und verkaufen die Plätzchen-Packungen an diejenigen, die sie haben wollen, und die, die der guten Sache wegen so tun als ob. Auf diese Weise werden die Pfadfinderinnen jedes Jahr 200 Millionen Packungen los; mit dem Erlös finanzieren sie eigene Aktivitäten und Projekte in der Kommune.

Freiwilligenarbeit („*volunteering*") und Spenden sind für den Amerikaner selbstverständlich. Die *National Conference on Citizenship* bemerkt in einem ihrer Jahresberichte: „*Volunteering in the U.S. remains a strong component of the fabric of our nation across generations, enriching both our communities and those who serve.*" In der Tat ist bürgerschaftliches Engagement ein prägender Faktor in der Gesellschaft; Aufrufe zu helfen, Zeit und Geld zu spenden, werden in großer Zahl und mit ebensolcher Einsatzfreude beantwortet.

Mitmachen, Ärmel hochkrempeln, für andere einstehen – dies prägt das amerikanische Selbstverständnis. Als die Pilgerväter im 17. Jahrhundert nach Amerika kamen, war auch niemand zur Stelle, der ihnen hätte helfen können: Sie mussten sich auf sich selbst und die Gemeinschaft verlassen. Diese Erfahrung wirkt bis heute nach und hat nichts mit verklärter Nostalgie zu tun. Von Vater Staat zu sprechen, fände der Amerikaner wohl eher abwegig. Er erwartet und will auch gar nicht, dass irgendeine ferne Regierung in Washington oder in einer der Landeshauptstädte sich um ihn kümmert oder – negativ ausgedrückt – sich in seine Angelegenheiten einmischt. Selbst auf dem Höhepunkt der letzten Wirtschaftskrise gaben die Menschen an, sie wollten nicht, dass das Arbeitslosengeld (das es in den USA in der Regel für maximal 26 Wochen pro Antragsjahr gibt) verlängert wird. Auch diejenigen, die bereits lange auf Jobsuche waren, sprachen sich dagegen aus. Der Amerikaner verlässt sich am liebsten auf sich selbst – in guten wie in schlechten Zeiten.

Für Sie als Neuankömmling bietet das *Volunteering* eine Möglichkeit, Leute und das Leben in der Stadt kennenzulernen. Mancherorts stellen sich Organisationen, die *Volunteers* benötigen, einmal im Jahr vor. Oder aber man sucht seinen passenden „*Match*" auf der Internetseite www.volunteermatch.org. Das Spektrum reicht vom Einsatz an der Schule und auf dem Sportplatz als Coach über das Austeilen von Essen und Kleidung für Bedürftige bis hin zu den Freunden der Bücherei oder der *„Historical Society"*, die Geschichte und geschichtsträchtige Gebäude in der Stadt pflegt.

Haben Sie Kinder? Dann engagieren Sie sich bei einer *PTA* oder *PTO*, der *Parent Teacher Association* oder *Parent Teacher Organization*. Das sind Zusammenschlüsse von Eltern, die sich als Interessensvertretung und Anwalt der Schüler und deren Familien verstehen. Diese Gremien haben diverse Posten zu vergeben, Organisator von Schulfesten und Ausflügen, Jahrbuchgestalter, Fundraiser, Schatzmeister. Jede Klasse benötigt darüber hinaus *classroom parents* oder *homeroom parents*, das sind so etwas wie Klassenpflegschaftsvorsitzende, die sich um Belange der Klasse kümmern, Feste mitorganisieren, Geschenke für die Lehrer besorgen und Ähnliches. Vor allem als Ausländer erhalten Sie so Einblicke in ein Schulleben, das Ihnen ansonsten eher verschlossen bliebe.

Das *Volunteering* umfasst neben dem Arbeitseinsatz aber noch etwas anderes: nämlich das Spenden von Geld *(„donate")*. Auch das gehört zu den amerikanischen Tugenden und viele öffentliche Einrichtungen, für die in Deutschland wie selbstverständlich der Staat aufkommt, sind in den USA zu einem Großteil auf die Spendenbereitschaft und auf großzügige Mäzene angewiesen. So wie der Amerikaner einen Teil seiner Zeit in den Dienst der guten Sache stellt, spendet er in nicht unerheblichem Maße Geld. Je mehr jemand verdient, desto mehr ist er in der Regel bereit, an die Gemeinschaft in Form von (Groß-)Spenden zurückzugeben. Insgesamt kommen auf diese Weise pro Jahr 335 Milliarden US-Dollar zusammen.

Die Non-Profit-Organisation *Charity Giving* schreibt: *„Without charities and non-profits, America would simply not be able to operate."* Ohne Wohlfahrtsverbände und gemeinnützige Organisationen würde Amerika schlicht nicht funktionieren. Ein Drittel des Geldes kommt dabei religiösen Gruppen zugute – was daran liegt, dass es keine Kirchensteuer gibt. Gemeinden sind allein auf die finanzielle Unterstützung ihrer Mitglieder angewiesen. Der zweit-größte Sektor ist die Bildung, gefolgt von Spenden an Hilfsorgani-sationen, die vor allem die Armen in der Gesellschaft unterstützen. Doch auch Einrichtungen wie Opernhäuser oder Museum müss-ten schließen, wenn es nicht Mäzene und Unternehmen gäbe, die sich ihrer verpflichtet fühlten. Die *New Yorker Metropolitan Opera* (*Met*) etwa erhält 180 Millionen US-Dollar an Spenden, das ist fast die Hälfte ihrer Einnahmen.

Eine amüsante Form des Fundraising findet alljährlich in den Schulen und Kindergärten statt, der sogenannte *„Raffle"*. Ortsan-sässige Unternehmen, Frisöre, Einrichtungshäuser, Restaurants, Sportclubs, Spielzeugläden werden um Sachspenden gebeten – eine Bitte, der die Geschäfte in großem Umfang nachkommen. Und diese „Spenden" können dann an einem Dinner-Abend für die Eltern per Los gewonnen werden. Die Lose kosten natürlich Geld, der Erlös geht den Schulen, Kindergärten oder Elternver-tretungen zu. Jeder kauft 50, 100 oder gar mehr Lose und die Ziehung findet unter großer Anteilnahme an dem Abend statt. Ebenso unterhaltsam ist die *„Silent Auction"*, bei der Gewinne er-steigert werden können. Oft haben diese symbolischen Wert wie das Kunstprojekt einer Klasse oder beinhalten soziale Komponen-ten wie ein Abendessen mit der Schulrektorin oder ein Minigolf-Match mit dem Sportlehrer.

Das Fundraising hat bei allem Guten auch eine negative Seite. Es hängt von den Großspendern, ihren Prioritäten und oft auch ih-rem Weltbild ab, wofür sie spenden. Die einen verausgaben sich in der Politik, oftmals auf der republikanischen (rechten), weni-ger häufig auf der demokratischen (linken) Seite. Andere spenden in die Hochkultur oder setzen sich für die Forschung ein. Vieles droht dabei auf der Strecke zu bleiben wie etwa Hilfen für Ob-dachlose, benachteiligte Jugendliche oder der nach wie vor um Bedeutung ringende Klimaschutz. In der Medizin wiederum hat eine Spende für Grundlagenforschung weniger Appeal als eine für die Alzheimer- oder Krebs-Forschung. Der Staat aber hat immer weniger Geld, um solche dennoch wichtigen Aufgaben wie die erkenntnisorientierte und zweckfreie Forschung zu finanzieren.

Was im Übrigen die Plätzchen angeht: 25 Prozent der *Girl Scout Cookies* sind *Mint*!

3.3.5 Den Glauben nicht verlieren (oder wiederfinden)

Für viele Amerikaner spielt die Kirche eine zentrale Rolle in ihrem Leben. Der Suche nach „der richtigen" Kirche widmen sie viel Zeit; sie gehören nicht automatisch der Gemeinde an, die sich an ihrem Wohnort befindet. Jeder sucht sich seine Kirche selbst. In den USA gibt es keine Kirchensteuer, die Gemeinden sind allein auf die Spenden ihrer Mitglieder angewiesen. Das bedeutet für die Verantwortlichen viel Arbeit und ein besonderes Bemühen um die Gläubigen, die nicht nur am Wochenende die Kirchenbänke, sondern auch den Klingelbeutel füllen sollen. Dafür mögen sich die Kirchgänger mit ihrer Gemeinde enger verbunden fühlen: Nur wenn alle mitmachen, wenn alle ihren (finanziellen) Teil dazu beitragen, kann Kirche stattfinden.

Den amerikanischen Kirchen kommt dabei zugute, dass der sonntägliche Gottesdienstbesuch („*service*") noch stark als Pflicht empfunden wird. Auch in der jüngeren Generation ist es vielfach eine Selbstverständlichkeit, am Samstag oder Sonntag in die Kirche zu gehen. Nach dem Gottesdienst treffen sich die Kirchgänger zum Kaffeetrinken im Gemeindesaal. Für Neuzugezogene bieten die Kirchen so eine ideale Anlaufstelle: Sie können am amerikanischen Leben teilhaben, Menschen kennenlernen und sich selbst einbringen. Vielleicht finden auch Kirchenferne einen Weg zurück, wenn nicht gleich zum Glauben, so doch zur Kirche als einem Raum für Kontakte und Austausch. Wenn Sie Lust haben, können Sie auch ein bisschen Kirchen-„*Hopping*" betreiben und dabei ganz ungewöhnliche Entdeckungen machen. Etwa von Gottesdiensten, zu denen hunderte und nicht nur zehn Gläubige erscheinen, Gospelchören, bei deren Gesang sich die Gemeinde in Trance zu singen scheint, und Kirchen, die einen *„wired4worship"*-Gottesdienst anbieten, in der Hoffnung, mit moderner Musik, Technik und Sprache jüngere Menschen zu begeistern.

Auch die deutsche katholische und evangelische Kirche sind in den USA vertreten. Informationen für Protestanten sind unter http://www.ekd.de/international/auslandsgemeinden/ zu finden, die Katholiken sehen unter www.auslandsseelsorge.de nach. Diese Auslandsgemeinden werden in dem Interesse gehalten, Auswanderern, auch denen auf Zeit, eine kirchliche Adresse in der Fremde zu bieten.

Haben Sie Kinder im Kommunion- oder Konfirmationalter? Dann wenden Sie sich rechtzeitig an eine amerikanische Kirche in der Nähe (einen deutschsprachigen Kommunion- beziehungsweise Konfirmationunterricht werden Sie nur in den deutschen Gemeinden in New York City und Washington finden). Anders als in Deutschland, wo Religion Schulfach ist, dauert die außerschulische religiöse Erziehung und Vorbereitung speziell auf die Kommunion (*„First Communion"*) lange, in der Regel sind es zwei Jahre. Außerdem gehen die Kinder bereits in der zweiten Klasse zur Kommunion. Das bedeutet, dass der Kommunionunterricht bereits zu Beginn der ersten Klasse anfängt, und zwar an einem Nachmittag pro Woche (*„CCD"*, *Confraternity of the Christian Doctrine*, eigentlich der Name einer in Rom 1562 zum Zwecke der religiösen Bildung gegründeten Assoziation, steht heute als Abkürzung für religiöse Programme speziell für Kinder). Nach der Kommunion geht die religiöse Bildung weiter, mindestens bis zur (katholischen) Firmung. Auch evangelische Konfirmanden werden sich außerschulisch auf das Sakrament vorbereiten müssen; wie das konkret aussieht, legen die Kirchen selbst fest. Manche Gemeinden akzeptieren auch mehrwöchige religiöse Sommerkurse als Ersatz für den wöchentlichen CCD.

Totale Glaubensfreiheit

Zwei Drittel der US-Amerikaner glauben an Gott. Das ist
eine für ein hochentwickeltes und technisiertes Land hohe
Quote. Normalerweise sinkt der Gottesglaube mit steigen-
dem Wohlstand. Nicht so in Amerika. Hier beschwören
Schüler jeden Morgen in der *„Pledge of Allegiance"*, dem
Treueeid, die *„one Nation under God"*. Hier rufen Autofahrer mit Stickern auf dem Kofferraum in Anspielung auf
die übliche Abkürzung *„Xmas"* dazu auf *„Let's put Christ
back in Christmas"*. Hier hat die Bewegung der *„Megachur-
ches"*, protestantischer Gemeinden mit 2000 Gläubigen
pro Sonntagsgottesdienst, ihren Ausgang genommen.
Hier wird genau nachgezählt, wie oft der Präsident zum
Gottesdienst erscheint (laut Nachrichtensender CBS war
Barack Obama bis 2013 18 Mal in der Kirche, George
W. Bush 120 Mal in acht Jahren). Hier heißt eine ganze Region im Südosten und zentralen Süden *„Bible Belt"*,
in dem der strenge (protestantische) Glaube den Alltag
vieler bestimmt. Hier propagieren rechte Fundamentalis-
ten die Lehre vom sogenannten *„Intelligent Design"*, eine
Pseudowissenschaft, die behauptet, dass nur ein wie auch
immer beschaffener intelligenter Designer das komplexe
Leben kreiert haben kann. Beachtlich ist auch die Zahl der
unterschiedlichen Konfessionen: mehr als 200, darunter
Katholiken, Juden, Mormonen, Zeugen Jehovas und die
Protestanten, die sich wiederum in (althergebrachte, eher
liberalere, moderne) *„Mainline Protestants"* und (streng
gläubige) *„Evangelical Protestants"* und ihre jeweiligen zig
Untergruppierungen unterteilen. Auch die umstrittenen
Scientologen gelten in den USA als steuerbefreite Religi-
onsgemeinschaft.

Im Land der Freiheit darf eben jeder an das glauben, was
ihm gefällt. Die USA sind auch in religiöser Hinsicht ein

diverses Land; die Religionsfreiheit ist im *„First Amendment"* (im 1. Zusatzartikel zur Verfassung) verankert und Staat und Kirche sind streng getrennt. Die Neutralität geht so weit, dass Unternehmen keine Weihnachtsfeier veranstalten, sondern eine *„Holiday Party"* (Feiertagsparty), und im Frühjahr gehen die Kinder in die *„Spring Break"* (Frühjahrspause) anstatt in die Osterferien.

3.3.6   Laufen, dehnen, strecken

Wenn Sie morgens Ihre Kinder in Schule und Kindergarten abliefern oder in den Supermarkt gehen, könnten Sie auf den Gedanken kommen, dass alle Sport treiben – außer Sie selbst. Turnschuhe und *„Sweatpants"* (Trainingshosen) sind so etwas wie das Standardoutfit vieler amerikanischer Frauen. Doch bald werden Sie erleichtert feststellen, dass dieselben Frauen wenig später *„Iced Coffee"* trinkend im Café sitzen oder mittags beim Abholen noch immer denselben Dress tragen. Und das nicht, weil sie keinen Sinn fürs Duschen nach dem Sport haben, sondern weil das nicht notwendig war, sie haben nämlich gar keinen Sport gemacht. In den USA trägt man gerne ein Sport-Outfit, auch wenn man nicht auf dem Weg zum Sport ist. Oder womöglich eher zu den Unsportlichen gehört. Es ist einfach bequem und praktisch.

Aber trotzdem könnten Sie das Thema Sport wieder auf die Tagesordnung hieven. Zum Beispiel deshalb, weil Sie dazu jetzt Zeit haben. Fitnessstudios stehen an jeder Ecke, für 19 Dollar oder 190 Dollar Monatsbeitrag. Nicht ganz so schick, dafür aber vergleichsweise günstig und mit einem Rund-um-Programm ausgestattet ist das YMCA (www.ymca.com). Tennis und Golfen, in Deutschland oftmals den Clubmitgliedern vorbehalten, stehen in den USA überdies allen offen. Wer in den wärmeren Monaten draußen spielen möchte, kann auch das tun, viele Kommunen stellen kostenlos Tennisplätze zur Verfügung; benötigt wird lediglich ein Code für das Zahlenschloss, und den gibt es für wenige Dollar vom zuständigen *Recreation Department*, dem Erholungsamt der Stadt. Das bietet ebenfalls ein eigenes Sportprogramm an: Yoga, Fitness, Tennis, und das Ganze für wenig Geld. Was die Trends angeht, dürften Sie immerhin an vorderster Front schwitzen, kommen doch viele neuen Sportentwicklungen aus Amerika.

Eine Besonderheit sind die Schwimmbäder. Die gibt es genau genommen nicht, zumindest nicht in der Form, wie Sie das aus Deutschland kennen. Es fehlt schlicht das Geld, in jeder Kommune ein eigenes Schwimmbad zu unterhalten. So werden sich Schwimmenthusiasten entweder in Fitnessstudios, die über ein Bad verfügen, anmelden müssen. Oder im YMCA. Schwimmen können Sie dort aber nicht immer, wann Sie wollen. Weil die Schwimmvereine die Bahnen ebenfalls beanspruchen, gibt es einen Belegungsplan, und den Freizeitschwimmern wird ein Zeitfenster zugeteilt.

Im Sommer öffnen dann die Freibäder – aber nicht für jeden. Sie müssen zunächst Mitglied werden, und je nach Exklusivität der Anlage belaufen sich die Kosten auf 1.000 Dollar (oder mehr) für die etwa dreimonatige Sommersaison. In dem Preis sind dann aber auch jede Menge Bademeister eingeschlossen, an manchen Tagen sitzen mehr am Beckenrand als Badende im Pool schwimmen. Es werden auch Schwimm- und Wasserspringkurse angeboten, das dann aber kostenlos oder für wenig Geld. Grundsätzlich ist die Mitgliedschaft im „*Community Pool*" zunächst denjenigen vorbehalten, die in der Kommune wohnen. Für Interessenten von außerhalb gelten höhere Preise. Alternativ können Sie als Gast auf Einladung eines Pool-Mitglieds mitbaden. Zu allerdings nicht unerheblichen Tagessätzen von 20 Dollar für die Familie.

Der große Vorteil der *Community Pools* ist, dass hier im Sommer die *Community* zusammenkommt. Die Kinder werden ihre „*buddies*", Kumpel, aus der Schule treffen und auch Sie haben die Gelegenheit, mit Nachbarn oder Eltern von Klassenkameraden einen kleinen Plausch zu halten. Wenn Ihnen danach ist. Ansonsten machen Sie es sich in einem Stuhl der meist sehr gepflegten Anlagen bequem und verschanzen sich hinter einem Buch.

3.3.7   Fernsehen bis zum Umfallen

Ohne den (ziemlich großen) oftmals wie ein Gemälde an die Wand montierten TV-Bildschirm ist jedes amerikanische Wohnzimmer unvollständig. Direkt morgens nach dem Aufstehen schaltet der Amerikaner den Apparat an, vor allem um Staumeldungen und Wetterberichte zu verfolgen, und erst abends vor dem Schlafengehen macht er ihn wieder aus. Alles, was dazwischen auf dem Bildschirm passiert, plätschert oftmals ohne Zuschauer dahin und dient vielfach der Geräuschkulisse. Das gilt auch auf Partys! Fernsehen ist eine anerkannte und nicht weiter problematisierte Freizeitbeschäftigung, der sich der Durchschnittsamerikaner fast fünf Stunden täglich hingibt.

Die erste Hürde, die der aufs beschränkte Programmangebot getrimmte deutsche Zuschauer nehmen muss, ist die Fülle an Fernsehsendern und Formaten. Der durchschnittliche Haushalt empfängt 189 Kanäle (und sieht sich immerhin 17 davon regelmäßig an). Bei den großen Networks (ABC, CBS, Fox, NBC) beginnt der Tag mit einer Morning Show. Danach geht es weiter mit Soap Operas, Game- und Talkshows, bis der Abend mit einer Nachrichtensendung eingeläutet wird. Danach ist Prime Time, die Hauptsendezeit, mit Serien, Sitcoms, Tanz- und Kuppelshows. Vor allem Serienfans haben viel zu tun. Jedes Jahr, beginnend im September, werden neu produzierte Serien ins Programm gehoben oder beliebte Staffeln weiter fortgesetzt. Die Sender selbst oder Zeitungen geben rechtzeitig einen Überblick. Jeder Amerikaner hat außerdem seine persönlichen Lieblingssendungen. Fragen Sie Ihre Bekannten, dann wissen Sie, was gerade „angesagt" ist.

Beschlossen wird der Abend von den Late Night Talkshows. Die gehören in Amerika zum nationalen Kulturgut, jeder kennt die Moderatoren, und Präsidenten lassen sich dort ebenso sehen wie Popstars und Hollywood-Größen. Dabei sind die Shows mehr als eine Komödie, hier wird vielfach Politik gemacht, gnadenlos und giftig.

Für Spezialinteressensgebiete – sei es Kochen, Sport oder Kinder – ist man am besten bei den Kabelsendern aufgehoben. Dazu kommen die Spielfilme, die man sich per Video on Demand (auf Abruf) ins Wohnzimmer holen kann. Am Ende wird einem der Kopf schwirren, erst recht, wenn Streaming-Anbieter wie Netflix oder Amazon ihre Serienstaffeln nicht mehr wie früher einmal pro Woche einstellen, sondern alle auf einmal. Und so kann man sich die dann auch ansehen: auf einen Schlag. *„Binge Watching"* nennt sich das (abgeleitet von *„Binge Eating",* einer Essstörung, bei der die Kranken tausende Kalorien während einer Essattacke in sich hineinschaufeln). In den USA hat das Phänomen bereits derartige Ausmaße angenommen, dass man sich halb bang, halb belustigt die Frage stellt, ob auch *Binge Watching* gesundheitliche Folgen haben kann (angeblich Depressionen).

3.3.8   Einkaufen als nationale Verpflichtung

Sollten Sie sich am Wochenende fragen, was die Amerikaner so treiben, müssen Sie nur in den nächsten Supermarkt oder die nächste *„Mall"* gehen. Sie shoppen. Und das ist auch gut so, denn immerhin speist sich mehr als zwei Drittel des Bruttoinlandsprodukts aus dem inländischen Konsum. Sparen – für den US-Amerikaner eher ein Fremdwort.

Warum also nicht mitmachen? In den USA gibt es mehr als 1000 zum Teil riesige Einkaufszentren *(„shopping malls"),* an jeder Ausfallstraße reiht sich Sportgeschäft an Einrichtungshaus an Bekleidungsladen – man entkommt dem Ganzen also kaum. Auch Lebensmittelmärkte sind reichlich vorhanden und in einigen macht das Einkaufen richtig Spaß. Da wird die Ware mit viel Liebe präsentiert, die Verkäufer sind freundlich („Ich hole Ihnen mal einen Einkaufswagen, in den Korb passt ja nichts mehr rein") und es gibt immer etwas zu entdecken und an kleinen Probeständen zu kosten.

An die Größenverhältnisse müssen Sie sich indes gewöhnen. Sowohl der Märkte als auch der Packungen. Die Milch kommt in „Gallon"-Containern daher, das sind fast vier Liter, die Chips-Tüten reichen für eine ganze Party, der Joghurt-Becher für die ganze Familie. Überhaupt müssen Sie sich zunächst einen Überblick verschaffen, die Regalreihen erstrecken sich auf viele Meter, verteilt auf 20 Gänge oder mehr. Und erst die Angebote! Wer zehn Packungen Nudeln kauft, bekommt das Paket für einen Dollar. Doch keine Sorge: In die Einkaufswagen passt jeder noch so große Großeinkauf hinein, auch die sind deutlich voluminöser als die deutschen. Und dann kommt der Großeinkauf in die großen Kofferräume der großen Autos, die auf großen, geräumigen Parkplätzen stehen.

Das Prinzip „buy three for the price of one" und andere Formen des Rabatts gibt es für Orangensaftpackungen ebenso wie für Unterhosen. Man kann Stunden damit verbringen, die besten Deals auszuloten. „Sale", also Schlussverkauf, scheint in den USA das ganze Jahr über zu sein. Mehrfach pro Jahr erscheinen neue Kollektionen, für die die alte Ware weichen muss. Daneben gibt es auch einen „Mid Season Sale" und den „Black Friday", auf den wir gleich noch zu sprechen kommen. Einzelne Ketten bieten quasi ununterbrochen bis zu 50 Prozent Rabatt auf ihre Ware an. Und das Beste daran: Wer ein paar Tage zuvor im selben Laden für ein T-Shirt den vollen Preis bezahlt hat, kann sich den Rabatt noch nachträglich(!) anrechnen lassen, Kassenbon genügt.

Viele Geschäfte locken auch mit einer *„store card"*, doch die ist dann nichts anderes als eine Kreditkarte. Die Angebote, vor allem zur Eröffnung der Karte, sind oftmals verlockend. Es gibt auch eigentlich keinen Haken an der Sache. Außer dass man nicht den Überblick über die Karten und die damit verbundenen Konten verlieren sollte.

Was sich in jedem Fall lohnt, ist, an den *„Rewards"*-Programmen der Einzelhandelsketten teilzunehmen und sich ein entsprechendes Kärtchen ausstellen zu lassen. Die Ersparnis ist zum Teil groß, und manchmal erhalten Sie sogar noch Gutscheine, beispielsweise für verbilligtes Tanken, hinzu. Coupons sind hier heiß begehrt und werden zum Teil an den Kassen bereits für den nächsten Einkauf ausgespuckt. In manchen Geschäften hinterlegen Sie stattdessen Ihre E-Mail-Adresse für den Newsletter und erhalten auf diese Weise hin und wieder Codes zugeschickt, mit denen es sich vergünstigt shoppen lässt. Code-Wörter, die dann „Happy" oder ähnlich heißen, werden auch bei Internet-Bestellungen regelmäßig hinterlegt und müssen am Ende nur eingetippt werden, um den nicht gerade unerheblichen Rabatt auszulösen. Daneben kann man sich online bei Schnäppchenanbietern wie Groupon, Retail-MeNot oder Zulily (und viele andere mehr) anmelden, um Angebote – sei es für Restaurantbesuche, Tenniskurse, Turnschuhe oder Museumsbesuche – zu erhalten.

Eine Besonderheit sind *BJ's* und der *Costco*-Markt, der ziemlich uncharmant aus einer riesigen Lagerhalle besteht, in der Toilettenpapier, Müsli, Reis, Brötchen und Ketchupflaschen zu hohen Türmen aufeinandergestapelt sind. Um hier einzukaufen, müssen Sie Mitglied werden (etwa 50 Dollar im Jahr). Neben den üblichen Lebensmitteln führen *BJ's* und *Costco* auch Kleidung, Strandequipment, Möbel, Fernseher und vieles mehr.

Wer weniger Geld hat oder ausgeben möchte, geht in einen *„thrift store"* oder *consignment store*, einen Second Hand Laden. Die sind meist gut geführt und selbst in kleineren Dörfern vorhanden; wer etwa Kinderkleidung oder Spielzeug sucht oder Kleidung – umgekehrt – loswerden und seinen Kleiderschrank erleichtern möchte, der ist hier richtig aufgehoben.

Couponing, Dealen, Shoppen geht in Amerika das ganze Jahr über. Die Geschäfte haben mehr oder weniger immer geöffnet. Die einzigen Ausnahmen sind Thanksgiving und der Erste Weihnachtstag. Noch. Inzwischen droht das Erntedankfest Thanksgiving, dem genauso große, wenn nicht größere Bedeutung zukommt wie dem Weihnachtsfest, zum Einkaufsmarathon zu mutieren. Denn auf den Donnerstag des Thanksgiving folgt ein besonderer Freitag, der *Black Friday*. Das ist der Tag, an dem der Einzelhandel in den USA erstmals schwarze Zahlen schreibt. Und damit das auch tatsächlich passiert, liefern sich die Geschäfte eine einzigartige Rabattschlacht. Traditionell hat die frühestens um Mitternacht oder am Freitagmorgen um sechs Uhr begonnen. Doch im Buhlen um die Kundschaft öffnen manche Läden nun schon am Thanksgiving-Abend, jahrzehntelang ein absolutes Tabu. Zu dem Zeitpunkt hatte die Familie um den Truthahn zu sitzen. Doch der konkurriert nun mit sensationell billigen Fernsehgeräten und Tablet-Computern, Wintermänteln und Kinderspielzeug.

Amerika wäre kein Einwanderungsland, wenn es nicht allerlei Spezialgeschäfte gäbe. Der Deutsche muss in der Ferne nicht auf seine Leberwurst, Gürkchen im Glas oder Speisestärke verzichten. Manches finden Sie, wenn Sie lange genug suchen, in gewöhnlichen Supermärkten. Und wenn nicht, machen Sie sich auf den Weg zum nächsten deutschen (oder polnischen) Metzger. Die Läden existieren oftmals schon seit Jahrzehnten und so sehen sie auch aus. Dabei lassen vor allem die Produkte, die neben dem üblichen Metzger-Angebot in den Regalen stehen, Rückschlüsse auf das Alter der Kundschaft zu. Oder anders ausgedrückt: Man sieht, was damals so angesagt war, als die Deutschen in die USA ausgewandert sind. Schokoladen-Katzenaugen etwa oder Kölnisch Wasser.

Im Übrigen erfahren die Malls vielerorts auch eine ganz andere Verwendung als die fürs Einkaufen: Weil sie im Sommer angenehm kühl und im Winter schön warm sind, nutzen so manche die langen Gänge zum Joggen oder Spazierengehen; wer das Stichwort „mall" and „walken" in die Suchmaschine im Internet eingibt, findet schnell das nächstgelegene Einkaufszentrum, in dem die „Lauf"-Kundschaft am frühen Morgen zusammenkommt.

3.3.9   Die nähere Umgebung erforschen

Eine Delegation kann sich wie ein einziger langer Urlaub anfühlen. Es gibt so viel zu entdecken! Vor allem in der Anfangszeit ist man voller Tatendrang, will seine nähere und bald schon fernere Umgebung erkunden. Der Elan dürfte deutlich größer sein als daheim, wo man glaubte, schon alles gesehen zu haben oder es immer noch sehen zu können. Der traditionelle Wochenendausflug, für den vielleicht zu Hause die Ziele fehlten, kann auf diese Weise wiederbelebt werden. Schon allein Städte wie New York City oder Los Angeles füllen ganze Reiseführer. Wo so mancher Urlauber vielleicht einmal in seinem Leben hinfliegt, kann man nun jedes Wochenende verbringen – um am Ende die Großstädte ohne Straßenkarte und Navigationssystem zielsicher durchlaufen oder -fahren zu können.

Bei der Suche nach Veranstaltungen helfen neben den Reiseführern lokale Zeitungen und (Online-)Freizeitmagazine wie die in vielen Städten erscheinenden Time Out Magazins. Daneben gibt es kostenlose Infoblätter und Zeitschriften mit Tipps für lokale Ausflugsziele, Restaurants, Museen etc. Diese liegen meist in Kindergärten, Schulen, Bibliotheken aus.

Und dann ist da das Meer – Atlantik, Pazifik, oftmals nur eine Autostunde entfernt. Leicht sonnenverbrannt und sandig kehrt man am Abend von seinem eintägigen Kurzurlaub zurück.

Vor und nach der Strandsaison kann man die Wälder durchstreifen. Das machen zwar nicht allzu viele Amerikaner, was einen aber nicht davon abhalten sollte, die *State Forests* und *State Parks* in der Nähe zu erwandern. Eine Liste von State Forests findet sich unter *www. fs.fed.us*, den Überblick über Nationalparks hat *www.npca.org*.

Besucher- oder Naturzentren verteilen Informationen über heimische Tiere und Pflanzen – und eine Wanderkarte. Was man vergeblich suchen wird, sind Hütten zur Einkehr.

Dafür gibt es Campingplätze (die meisten müssen über die zentrale Stelle www.reserveamerica.com gebucht werden). Die Ausstattung ist simpel, meist existiert nur ein Plumpsklo, dafür sind Picknick-Tisch und Grillstelle obligatorisch. Eine Nacht im Wald – das ist ein wahres amerikanisches Outdoor-Erlebnis. Am nächsten Morgen wird dann von Bären erzählt, die Hängematten zum Schaukeln gebracht haben sollen. Wer weiß, ob es wahr ist. Sicher ist allerdings: In Amerika existieren noch viele Bären, Braun- und Schwarzbären, letztere auch vor den Toren New Yorks in den Wäldern New Jerseys.

Wenn der Amerikaner aufs Rad steigt, dann aus sportlichen Gründen. Die Räder sind teuer, die Kleidung funktionell, die Sitzhaltung gebeugt, das Tempo hoch. Dem Freizeit-Fahrer, der aus Lust am Fahren durch die Landschaft radelt, wird man weniger begegnen (und entsprechend rar sind ausgewiesene Radrouten). Auch als Transportmittel ist das Fahrrad eher unbekannt. Nur selten etwa fahren Kinder mit Rädern zur Schule. Was oftmals sicherheitstechnisch begründet ist: Bürgersteige („*sidewalk*"), auf denen vor allem kleinere Kinder fahren könnten, sind die Ausnahme. Und auf der Straße ist es selbst in kleineren Vororten nicht ganz ungefährlich, weil der amerikanische Autofahrer auf den Verkehrsteilnehmer Fahrradfahrer nicht eingestellt ist. Das bedeutet nicht, dass man die Räder gar nicht erst mit verschiffen sollte. Als Freizeitradler wird man allerdings zu einer seltenen Spezies gehören und im Dorf alsbald als „*the woman on the bike*" bekannt sein.

Immerhin, staugeplagte Metropolen haben das Fahrrad als Alternative inzwischen erkannt und treiben den Ausbau von Fahrradwegen voran. Mehr als ein Dutzend Städte versuchen zudem mit sogenannten „*Bike Share*"-Programmen ihre Bürger auf den Sattel zu bewegen. Das größte ist das 2013 in New York City installierte Citi Bike mit 12.000 Rädern, die an 700 Leihstationen ausgeliehen werden können.

Die versprengten, aber nichtsdestotrotz passionierten Freizeitfahrer haben sich derweil im „*Slow Bicycle Movement*" zusammengetan, um für das Fahren zu anderen als sportlichen Zwecken zu werben. In ihren inoffiziellen Regeln heißt es: „*Ride the bike you have, in the clothes you like, at the speed you enjoy.*" – Fahr' das Fahrrad, das du hast, in Kleidung, die dir gefällt, und so schnell, wie es dir Spaß macht.

3.3.10   Fähnchen sammeln und einstecken

Amerika – das Land der unbegrenzten Möglichkeiten. Selbst wenn das im Alltag nicht immer ganz zutrifft, ist es doch ein Land des unbegrenzten Urlaubmachens. Von Alaska bis Florida ist alles dabei, Millionenmetropolen an Ost- und Westküste, Nationalparks wie Grand Canyon, Bryce Canyon, Yellowstone und Yosemite, Städte mit berühmten Universitäten wie Harvard, Yale und Princeton, eine große, weite Leere in der Mitte, Gebirge wie die Rocky Mountains – und das alles in einem einzigen Land. Dazu kommen die Nachbarländer Kanada und Mexiko sowie die Karibik. Zugegeben, die Entfernungen sind groß, von New York nach San Francisco dauert der Flug mehr als fünf Stunden über drei Zeitzonen hinweg. Auch die Karibikinseln liegen nicht direkt vor der Haustür, sondern zwischen drei und fünf Flugstunden entfernt. Aber Sie haben ja Zeit. Mehr zumindest als der typische Urlauber, der vieles auf einer USA-Reise abarbeiten muss. Sie hingegen können die Ziele entspannt auf viele kleine Reise-Häppchen verteilen. Delegationen bringen zudem oftmals den Luxus mit sich, dass die Firmen ein Flugbudget bereitstellen. Und das darf dann nicht nur für Flüge in die Alte Welt, sondern auch für Erkundungen in der Neuen verflogen werden.

Wer nicht fliegen will, fährt mit dem Auto oder Wohnmobil. Über die Website www.camperboerse.de lassen sich Wohnmobile aller Art und Anbieter bequem inklusive Versicherungen und Ausstattung ausleihen. Um ein Gefühl für die Weite der USA und die Unterschiedlichkeit der Bundesstaaten zu bekommen, kann man sich auch einfach ins Auto an der Ostküste setzen und hinüber zur Westküste fahren. Oder umgekehrt. Zu sehen gibt es stellenweise wenig bis nichts. Außer dem schnurgeraden Asphalt der Straße. Aber auch das ist Amerika, und zwar in weiten Teilen.

Auch die legendäre Route 66 ist vielerorts noch existent und wird in den Orten, durch die sie führt, kultiviert. Die Mutter aller Straßen („*Main Street of America*") verlief ursprünglich auf fast 4000 Kilometern von Chicago bis nach Santa Monica (Kalifornien). Viel ist nicht mehr von ihr übrig, aber die Teilstücke, die als „*Historic Route 66*" bewahrt werden, lohnen – wenn man ohnehin in der Nähe ist – einen Abstecher. Eine andere Kultstrecke ist der Highway 1 in Kalifornien (*California State Route 1*), der unter anderem San Francisco und Los Angeles verbindet und an so wohlklingenden Orten wie Santa Barbara und Malibu entlangführt. Das spektakulärste Teilstück liegt zwischen Monterey und Moro Bay (*Big Sur*).

Für die erste Reiseplanung, speziell zum Abschätzen der zurückzulegenden Meilen, lohnt sich ein Gang zum AAA („*Triple A*"), dem Automobilclub der USA. Dort erhält man für wenig Geld gutes Kartenmaterial, und auf Wunsch kann man sich eine persönliche Route zusammenstellen lassen.

Was man beachten sollte, ist, dass speziell in manchen Nationalparks wie dem Grand Canyon oder Yellowstone Übernachtungskapazitäten begrenzt sind und man sich rechtzeitig (bis zu einem Jahr vorher) anmelden muss, um einen Stellplatz etwa für das Wohnmobil oder eine Unterkunft in den Lodges zu finden.

Dass die USA auch Skiparadies sind, ist bekannt. Ein Blick in die Preistabellen von Skipässen und Skiunterricht für Kinder wird einem jedoch die Tränen in die Augen treiben. Wer dachte, dass Skifahren in den Alpen ein teures Vergnügen ist, wird hier eines Besseren belehrt. Es geht noch teurer. Zumal in den allermeisten Fällen die Flugkosten dazukommen. Man sollte deshalb unbedingt in der näheren Umgebung nach kleineren Gebieten Ausschau halten. Selbst New York City rühmt sich, seinen eigenen Berg zu haben: den Hunter Mountain. Der ist anderthalb Stunden von der Metropole entfernt, ein Berg, moderne Anlagen, gute Skischule, und im Winter bringen Busse die Skifahrer zu Tagesflügen dorthin.

Ein Thema, das die Kinder interessieren dürfte, sind die Freizeitparks. Die ganz großen wie Disney World's *Magic Kingdom, Sea World* und die *Universal Studios* sowie die vielen kleineren Wasser- und Freizeitparks, die es überall im Land gibt. Letztere bieten oft Schnäppchen an (auf ihren Websites oder über diverse Coupon-Anbieter). Für den Besuch der ganz großen muss man bereit sein, ein kleines Vermögen zu investieren (der Tagespreis liegt bei 100 Dollar pro Person). Wer das Warten in langen Schlangen vor den Attraktionen umgehen will, kann 50 Dollar zusätzlich pro Person für ein sogenanntes *„Front of Line"*-Ticket veranschlagen. Ob sich die Investition lohnt? Das ist Geschmackssache; Entertainment und Illusion sind in jedem Fall das Metier der Amerikaner, hier ist ihre Perfektion unübertroffen.

Keine Illusion sind die Fähnchen, die man für jede Reise in die große Landkarte der USA, die irgendwo im Haus hängt, stecken darf. Man wird am Ende der Delegation erfreut feststellen, wie viel man vom Land doch kennengelernt hat.

3.3.11 Seidenbluse, Pencilrock und Absatzschuhe – Durchstarten im Job

Wer vor seinem Umzug in die USA beruflich tätig war, wird vielleicht auch in Amerika seinem Beruf nachgehen wollen. Einige Berufe können in den USA jedoch vielleicht nicht oder nicht in vollem Umfang ausgeübt werden, wie beispielsweise Arzt oder Pharmazeut. Dann heißt es, nach Alternativen zu suchen. Wie so oft ist das Internet die wichtigste Quelle bei der Jobsuche. Große Online-Stellenbörsen sind www.monster.com, www.careerbuilder. com, www.glassdoor.com oder www.indeed.com. Eine Alternative sind *„Staffing Agencies"*, eine Art Personalvermittlung, die Stellen industriebezogen besetzen. Zu nennen wären hier beispielsweise *Manpower* oder *Kelly Services*. Wer einen weniger spezialisierten Arbeitsplatz sucht und wem es lediglich darum geht, etwas Geld zu verdienen und neue Erfahrungen zu sammeln, kann beispielsweise im benachbarten Einkaufszentrum fündig werden oder den Jobteil von www.craigslist.com durchblättern.

Wichtig ist in jedem Fall das Vorhandensein eines Arbeitsvisums und einer Arbeitserlaubnis (*„Employment Authorization Document"*, EAD). Beantragt wird die Arbeitserlaubnis über das *„Department for Homeland Security"*, www.uscis.gov. Nach Genehmigung durch die zuständigen Behörden sollte das EAD innerhalb von 90 Tagen im Briefkasten landen und ist anschließend für zwei Jahre gültig. Die Kosten für die Beantragung belaufen sich auf 380 Dollar. Wer mit einer Greencard in die USA reist, braucht keine separate Arbeitserlaubnis. Die Greencard an sich erlaubt es dem Inhaber, in den USA auf Jobsuche zu gehen und zeitlich unbegrenzt zu arbeiten.

Amerikanische Bewerbungsunterlagen unterscheiden sich grundlegend von ihrem deutschen Gegenstück. In den USA besteht eine Bewerbung aus dem *„cover letter"* und dem *„résumé"* or *„CV"*. Im *cover letter* wird in drei, vier kurzen Absätzen dargelegt, warum man sich auf diese Stelle bewirbt und welche Vorzüge man mitbringt. Im *résumé*, dem Lebenslauf, sollte man ebenfalls zuspitzen, warum man für diese Stelle bestens geeignet ist. Informationen wie Geschlecht, ethnische Herkunft, Familienstand, Alter oder persönliche Interessen sind dabei tabu. Fotos und Zeugnisse werden gar nicht mehr verschickt. Ebenfalls wichtig ist, alles so kompakt und zugespitzt wie möglich zu formulieren. Personalentscheider in den USA wollen möglichst auf einen Blick sehen, was der Kandidat zu bieten hat und ob sie sich weiter mit ihm beschäftigen sollten. Standard ist inzwischen ein Versand per E-Mail und nicht mehr per Post. Dabei wird erwartet, dass sich der Bewerber nach drei, vier Tagen telefonisch meldet, um zu erfragen, ob die Bewerbung angekommen ist. Das telefonische Nachhaken wird dabei nicht als penetrant, sondern als professionell gewertet. Zahlreiche Internetseiten bieten hier Musteranschreiben und *Resümees* als Inspiration sowie weitergehende Tipps.

Optimismus und professionelle Freundlichkeit sind anschließend auch im Bewerbungsgespräch oberstes Gebot. Oft steht vor einem persönlichen Gespräch ein Telefoninterview. Hat man diese Hürde gemeistert, steht an nächster Stelle die Einladung zu einem persönlichen Kennenlernen. Amerikanische Personalentscheider sind hart in der Sache und werden den Kandidaten auf Herz und Nieren prüfen. Nicht zuletzt wird man neben den fachlichen Qualifikationen auch Teamfähigkeit, Flexibilität und Lernbereitschaft des Kandidaten herauszufinden versuchen. Eine gute Vorbereitung, die nicht nur den eigenen Lebenslauf und den Hintergrund des Unternehmens umfasst, sondern auch übliche Floskeln, werden sich immer auszahlen.

Die Themen Gehalt und Urlaub werden erst später angesprochen, wenn es um die vertraglichen Details geht. Grundsätzlich ist dies Verhandlungsbasis, Standard sind jedoch zehn Tage Urlaub pro Jahr, wer länger im Unternehmen ist, bekommt auch mehr. Eine 40-Stunden-Woche wird allgemein erwartet, Überstunden sind an der Tagesordnung. Dafür zeigen sich amerikanische Arbeitgeber im Allgemeinen flexibel, speziell was Home Office-Tage angeht. Vor allem viele Frauen arbeiten – mangels Elternzeit und Teilzeitmöglichkeiten – zeitweise von zu Hause aus. Und die Arbeitgeber drücken dann und wann ein Auge zu, wenn nicht nur der Arbeitnehmer, sondern auch die Kinder das Home Office bevölkern. Außerdem gibt es noch die sogenannten *„Personal Days"*, die etwa für einen Arztbesuch oder eine Aufführung an der Schule eingesetzt werden können (wie viele ist je nach Bundesland und Arbeitgeber unterschiedlich geregelt).

Nach dem Gespräch gilt auch hier: Eine Dankes-Mail senden und nochmals telefonisch weiteres Interesse bekunden. Der *„Business Dresscode"* in den USA ist sehr förmlich. Männer tragen Anzug (aber eher selten Krawatte), Frauen High Heels (mit denen sie aber nicht ins Büro gelaufen kommen, sondern die sie in ihrer Handtasche mitbringen, um sie dann im Büro überzustreifen) und Röcke. In manchen Branchen geht es etwas lockerer zu und es reichen Jeans und Hemd oder Bluse. Grundsätzlich achten amerikanische Arbeitnehmer sehr auf ihr Äußeres und sind vom Scheitel bis zur Sohle top gestylt und weder *over-* noch *underdressed*.

Sie haben den Job bekommen? Glückwunsch! Im Unternehmen wird man nun von Ihnen erwarten, selbstbewusst und eigenverantwortlich aufzutreten. Die Bürotüren bleiben offen (wenn man denn eine hat – viele Arbeitsplätze befinden sich in *„cubicles"*, kleinen Parzellen eines Großraumbüros, und müssen noch nicht einmal Tageslicht haben) und generell ist der Umgangston eher locker, aber sachlich. Selbst der Boss wird mit dem Vornamen angesprochen. Davon sollte man sich jedoch nicht blenden lassen: Hinter dem unkonventionellen Auftreten tritt sehr viel Biss und „Machertum" zutage! In den USA ist man eher an kurzfristigen Zielen interessiert, daher kommt man allgemein schnell zum Punkt. Amerikaner lernen schon im Kindergarten, sich zu „verkaufen". Meistens können sie fesselnd und unterhaltend vor Publikum auftreten.

Ein Vorteil natürlich, wenn es um das Halten von Präsentationen geht, die in aller Regel sehr viele humorvolle Elemente enthalten. Ob die Vorzimmerdame oder der Hausmeister – mit allen sollte man einen kleinen, aber höflichen Plausch eingehen, wenn man als professionell gelten will. Gibt es einen Anlass zur Kritik, so wird diese eher höflich und diskret verpackt. Und gibt es Lob zu verteilen, dann niemals allzu persönlich werden. Dies könnte als sexuelle Belästigung missverstanden werden. Zum Schluss gilt: Das Bedanken nie vergessen! Amerikaner bedanken sich ständig und für alles. Nicht nur privat, auch im Job.

Auf der Suche nach einer Beschäftigungsmöglichkeit können Sie auch Ihren alten Arbeitgeber anrufen (oder vielleicht ruft der auch Sie an). Es gibt immer wieder ein Projekt, das noch einen Verantwortlichen sucht. Und eine Distanz von 7000 Kilometern Luftlinie muss nicht zwangsläufig der Qualität der Arbeit schaden. Bei entsprechender Disziplin und kommunikativen Fähigkeiten wird es Ihnen auch von den USA aus gelingen, den für die Erledigung des Jobs notwendigen Kontakt aufrechtzuerhalten oder aufzubauen. Womöglich werden manche Kollegen gar nicht merken, dass Sie nicht im selben Gebäude sitzen, sondern ziemlich weit weg. In Zeiten von E-Mail und Videokonferenzen lässt sich ein Fern-Büro relativ problemlos realisieren. Sie werden allenfalls bereit sein müssen, vielleicht ein oder zwei Mal im Jahr nach Deutschland zu fliegen, um Ihren Chef und die Kollegen persönlich zu treffen. Auf jeden Fall lohnt es sich, den Kontakt zu seinem (alten) Arbeitgeber zu halten und dann und wann nach Arbeitsmöglichkeiten zu fragen.

Ansonsten haben Sie vielleicht eine gute Idee und machen das, was die Amerikaner besonders gut können: sich selbstständig. Im Jahr 2014 waren 18 Prozent der 25- bis 34-Jährigen mit einem eigenen Business beschäftigt. Vielleicht wirkt der Mut zum Risiko ja ansteckend. Vielleicht kommt Ihnen jetzt, wo Sie mehr Zeit und Muße haben, ein guter Gedanke. Eine Delegation ist jedenfalls ein ideales Zeitfenster, um sich mit einer eigenen Geschäftsidee selbst zu verwirklichen.

3.3.12 Somebody at home?

Die Lieben in der Heimat sind zwar weit weg, aber nicht aus der Welt. Erst recht nicht im digitalen Zeitalter. Sie haben es im wahrsten Sinne des Wortes selbst in der Hand, wie gut Sie die Freundschaften pflegen. Das Telefonieren über das Internet bietet zudem die Möglichkeit, von Angesicht zu Angesicht miteinander zu kommunizieren. Der Zeitunterschied mag etwas mehr Koordinierung erfordern, Sie werden nicht immer dann anrufen können, wenn es gerade besonders dringend erscheint. Wenn die Freundin Zeit hat, kommen Ihre Kinder gerade aus der Schule und umgekehrt. Aber dann schreiben Sie eben schnell eine Kurznachricht. Oder E-Mail. Oder vielleicht erinnern Sie sich wieder an ein nahezu ausgestorbenes Kommunikationsinstrument, den Brief.

Um Freunde und Verwandte dauerhaft auf dem Laufenden zu halten, können Sie auch einen Blog schreiben. Sie müssen ja nicht gleich vor der gesamten Öffentlichkeit Ihr Leben ausbreiten, der Blog kann auch nur einem begrenzten Kreis von Mitlesern offen stehen. Eine Alternative ist der Newsletter (mit Vorlagen im Internet). Die Mühe lohnt sich nicht nur mit Blick auf die Daheimgebliebenen, sondern auch für einen selbst, wenn sich Blog und Newsletter am Ende zu einem digitalen Tagebuch zusammenfügen.

In der realen Welt werden Sie Familie und Freunde natürlich auch wiedersehen. Sie werden nur aufpassen müssen, dass nicht zu viele Besucher hintereinander das Gästezimmer belegen und die einzelnen nicht allzu lange bleiben. Denn während Ihre Gäste das Ganze als Urlaub empfinden werden, geht für Sie der Alltag weiter. Deshalb: Klare Ansagen, wann und wie lange der Besuch kommen kann. Sie sollten auch keine Hemmungen haben, die Besucher entsprechend ihren Qualitäten einzusetzen: fürs Einkaufen, Kochen, Kinderbespaßen.

Machen Sie sich außerdem den Spaß und notieren die Anzahl der Tage, die Freunde und Familienangehörige bei Ihnen verbringen. Es wird Sie vielleicht wundern zu sehen, dass über die Gesamtzeit der Delegation mehr Tage und vor allem intensiv verbrachte Stunden zusammenkommen als zuvor in Deutschland (zumindest dann, wenn Sie nicht am selben Ort gewohnt haben).

An Halloween verkleiden sich nicht nur die Kinder, wenn sie zum *Trick and Treat* durch die Straßen ziehen. Die Gärten sind schon viele Tage, wenn nicht Wochen vor dem 31. Oktober gruselig mit Grabsteinen, Skeletten und sprechenden Geistern „dekoriert".

4 Bye-bye – Es geht wieder zurück

Das Ende kommt schneller als Sie denken. Waren Sie nicht gerade erst ins Flugzeug gestiegen und nach Amerika geflogen? Jetzt geht es also zurück? Schon? Drei Jahre – der durchschnittliche Zeitraum einer Delegation – vergehen schnell, viel zu schnell. Im ersten Jahr kommt man an, im zweiten ist man da, im dritten fast schon wieder weg. Und so werden Sie sich fragen, wo die Zeit geblieben ist. Das hätten Sie nicht vermutet, am Anfang, bevor es losging, klangen drei Jahre doch recht lang. Doch aus allen Expats werden irgendwann wieder Repats. Aus fast allen!

4.1   Der zweite Kulturschock

An das Ende des Auslandsaufenthaltes werden Sie, wenn Sie sich während der Zeit einigermaßen wohlgefühlt haben oder gar begeistert waren (wovon wir ausgehen, wenn Sie dieses Buch gelesen haben!), nicht allzu viele Gedanken verschwendet haben. Dass es eines geben würde, war klar. Denn Delegationen sind zeitlich befristet. So wird einem die Rückkehr an sich – abgesehen vom Umzugsstress – nur wenig Kopfzerbrechen bereitet haben. Das Auswandern in die Fremde war das große Thema, aber nicht die Heimkehr. Schließlich geht es nach Hause. Das ist doch ein Grund zur Freude – oder nicht?

Aber gehen wir so „einfach" zurück? Zu Hause, das war in den letzten Jahren Amerika. Nicht Deutschland. Wir haben uns – und das war ja auch wichtig – in unserem neuen Leben eingerichtet, im

Haus, im Ort, mit neuen Bekannten oder gar Freunden. Längst wissen wir, wo wir was einkaufen, welcher Zahnarzt gut ist, wo der schönste Spielplatz, das beste Restaurant zu finden ist. Auch die Kinder sind vernetzt in Kindergarten und Schule, Alltag und Routine (und immer noch ein bisschen aufregendes Abenteuer) sind die USA.

Und so bleibt an dieser Stelle nur die weniger gute Nachricht zu verkünden: So wie es den Kulturschock gab, als Sie neu ins Land kamen und alles fremd und ungewohnt war, folgt nun der *„Re-Entry Shock"*, *„Reverse Culture Shock"* oder Eigen-Kulturschock.

Entwickelt hat das Konzept vom *Re-Entry Shock* der deutsche Sinologe Martin Woesler. Danach ist der Eigen-Kulturschock eine punktuelle Krise, ausgelöst durch die Erkenntnis oder die enttäuschende Erfahrung, dass das Bild, das man während der Zeit im Ausland von der Heimat mit sich herumtrug, mit der Wirklichkeit, in die man nun zurückkehrt, nicht übereinstimmt. Der Schockzustand kann eine kurze Episode sein; es kann aber auch passieren, dass man sich nur schwer davon erholt und sich noch lange als Fremder im eigenen Land fühlt.

Laut der Berlitz-Studie *Global Expatriates Observatory* empfinden 62 Prozent der vormaligen Expats die Reintegration in die Heimat als schwierige Phase. Ein Grund dafür mag sein, dass ein Drittel der Expats gerne länger geblieben wäre und ein weiteres Drittel am liebsten eine Anschlussdelegation in einem anderen Land angetreten hätte. Äußerst kritisch äußern sich die Befragten hinsichtlich der Unterstützung der Unternehmen bei der Reintegration: Nur 19 Prozent fühlten sich hier gut begleitet.

Was ein Problem ist: Der *Re-Entry Shock* wird deshalb als besonders intensiv empfunden, weil er noch weniger bekannt ist als der Kulturschock und niemand darauf vorbereitet ist (oder wird). Man rechnet schlicht nicht damit, dass ausgerechnet die Rückkehr in die Heimat problematisch sein könnte. Schließlich geht man in das Land zurück, in dem man zuvor den Großteils seines Leben verbracht hat. Man kennt die Kultur, die Menschen. Vielleicht zieht man sogar ins alte Haus, dann sind auch Nachbarn, Freunde, Fahrtwege dieselben.

Doch genau das ist das Problem: dass in der Heimat alles mehr oder weniger beim Alten geblieben ist oder es zumindest den Anschein hat, man selbst sich aber verändert hat. In vielerlei Hinsicht. Man ist durch die Herausforderungen, die die Jahre im Ausland an einen gestellt haben, gereift. Man hat die Brille der eigenen kulturellen Prägung abgelegt, ablegen müssen, um sich in der fremden Umgebung zurechtzufinden. Dabei hat sich der Blickwinkel erweitert und man hat gelernt, dass es kein „richtig" oder „falsch" gibt, sondern vieles eine Sache der Perspektive ist. Der Blick über den Tellerrand hinaus ist wohltuend, lehrreich – aber das verdirbt einen gewissermaßen auch. Manchmal dauerhaft. Man wird seiner Heimat einfach nicht mehr so unvoreingenommen gegenübertreten können. So sind vor allem in der Anfangszeit Argwohn und Kritik dem eigenen Land gegenüber groß; springen die Unterschiede zwischen den Kulturen doch klar ins Auge.

Das Institut für Interkulturelles Management geht davon aus, dass der Eingewöhnungsprozess vor allem bei Auslandseinsätzen, die länger als sechs Jahre dauern, nicht gerade einfach ist. Als schwierig werde dabei vor allem die soziale Wiedereingliederung empfunden, die Wiederaufnahme alter Beziehungen und das Knüpfen neuer Kontakte. So wie sich der Expat vor allem in der Anfangszeit nach Hause zurücksehnt, möchte er als Repat eben genau dort, „zu Hause", am liebsten kehrtmachen und wieder ins Ausland gehen.

Leichter wird das Einleben im eigentlich Bekannten nicht dadurch, dass rückblickend sowieso alles großartiger und besser erscheint als es im Einzelfall war. Plötzlich werden Sie das Hohelied auf Amerika singen. Vergessen sind all die negativen Erlebnisse und Dramen des Alltags, die es in den USA genauso gab, in Erinnerung bleiben in erster Linie die schönen Momente. Das ist grundsätzlich gut, nur verstärkt das den Eindruck, plötzlich an falscher Stelle gelandet zu sein. *„You can't go home again"* – „Du kannst nicht wieder nach Hause", ist ein Spruch, der auf den Titel eines Buches von Thomas Wolfe zurückgeht. So dramatisch wird es nicht sein, aber man kehrt sicherlich anders zurück als man gegangen ist.

Erschwerend hinzu kommt, dass der Repat seine alte Heimat als kaum bis gar nicht verändert wahrnimmt. Was nicht (in jedem Fall) stimmt, die Menschen, Nachbarn, Freunde, Arbeitskollegen haben sich auch weiterentwickelt, aber vielleicht in einem anderen Tempo oder eine andere Richtung. Sie freuen sich über die Rückkehrer, erwarten aber auch, dass die sich anpassen. Was zu einer weiteren ernüchternden Erkenntnis führt: An Geschichten aus der Ferne, dem tollen Land der tollen Möglichkeiten, sind längst nicht alle und vor allem nicht in aller Ausführlichkeit interessiert. Besser, Sie halten sich mit langatmigen Berichten zurück und seien Sie nicht enttäuscht, wenn Gespräche über Ihr Expat-Dasein schnell mangels Nachfragen im Schweigen enden. Eine Ausnahme dürften diejenigen sein, die einen besucht haben, die können mit den Geschichten etwas anfangen, nach dem Motto: „Du kennst doch Downtown Mountainside, die Bar an der Ecke..."

Doch was schon beim Kulturschock gilt, trifft auch auf den Eigen-Kulturschock zu: Es ist schon viel gewonnen, wenn man weiß, dass die Heimkehr womöglich weniger glorios als ernüchternd sein wird und einem nahezu genauso viel Anpassungsfähigkeit abverlangt wie seinerzeit die Akkulturation in der Fremde.

4.2   Achtung: Enttäuschung!

An dieser Stelle sollte das Buch unbedingt an die bessere Hälfte weitergereicht werden. Für sie wird die Rückkehr womöglich eine heikle, wenn nicht enttäuschende Angelegenheit werden. Das Ausland kann ein Hilfsmittel zur Besteigung der Karriereleiter sein, muss es aber nicht. Die Unternehmen würden einen solchen Automatismus wohl eher verneinen. Laut einer Untersuchung zum Mehrwert internationaler Mitarbeitereinsätze von PricewaterhouseCoopers werden nur 24 Prozent der zurückgekehrten Expatriates im ersten Jahr nach der Rückkehr befördert. Oftmals ist es ein Problem, überhaupt eine Position im Unternehmen zu finden. Eigentlich sollte es im Interesse des Arbeitgebers sein, der nicht gerade wenig in seine Expats investiert hat, die Mitarbeiter (die noch dazu Facherfahrung im Ausland gesammelt haben) zu halten. Doch die Personalplanung endet vielfach mit dem Schritt ins Ausland, was danach kommt, ist ungewiss.

Die Folge: Viele Repats kündigen. Laut der Befragung von PricewaterhouseCoopers verlassen 40 Prozent das Unternehmen in den ersten zwölf Monaten nach ihrer Rückkehr.

Mit dieser Realität sollte man sich oder vielmehr der Delegierte auseinandersetzen. Am besten schon, bevor man ins Ausland geht. Wer hofft, dass eine Delegation ans Ziel, den nächsten Karriereschritt, führt, sollte vielleicht darauf verzichten. Ein Transfer ins Ausland ist eine Chance, sich weiterzuentwickeln, persönlich und beruflich. Ob am Ende ein neuer Posten in Deutschland wartet, hängt von vielen Faktoren ab, die sich nicht alle beeinflussen lassen. Etwa, ob es noch jemanden im Betrieb gibt, der einen fördert. Im Ausland sind die Entsandten nicht vergessen, aber sie sind auch nicht mehr so sichtbar wie am deutschen Headquarters; sie werden jemanden brauchen, der sich für sie einsetzt. Auch die Reintegration in das alte Gefüge sollte nicht unterschätzt werden: Die Ex-Delegierten müssen sich ein neues Netzwerk aufbauen und sich in Strukturen einarbeiten, die sich in den Jahren der Abwesenheit komplett geändert haben können. Auch der Verlust des Sonderstatus muss verdaut werden. Dazu gehören Privilegien wie extra Zulagen sowie die (vielleicht) selbstbestimmtere und autonomere Arbeitsweise, fernab des Headquarters gelten oftmals andere (weniger strenge) Regeln, existieren flachere Hierarchien, ist der Chef direkt nebenan schneller greifbar. Die Kollegen von früher mögen noch da sein, sie werden sich auch freuen, den Rückkehrern aber womöglich nicht den großen Enthusiasmus entgegenbringen, den diese vielleicht erwartet hätten. Erst recht werden sie sich nur ungern darüber belehren lassen, was in Amerika alles besser läuft!

Es kann auch an den Nerven zerren, wenn lange unklar ist, wo es überhaupt hingehen soll; die Mitarbeiter werden die Verantwortlichen in der Heimat rechtzeitig daran erinnern müssen, dass das Ende der Entsendung naht. Wobei potenzielle Stellen nicht immer gerade dann frei sein werden, wenn im Kalender der vor drei oder wie vielen Jahren auch immer festgelegte Endzeitpunkt steht. Wer Kinder hat, wird zu Beginn des jeweiligen Schuljahres nach Deutschland zurückkehren wollen. Die neue Stelle ist aber vielleicht schon drei Monate vorher oder später frei. Hier werden Sie sich flexibel zeigen müssen.

Auch der begleitende Partner sollte sich frühzeitig über die berufliche Rückkehr Gedanken machen. Will man überhaupt in den alten Job zurück? Sind die Voraussetzungen dafür gegeben (etwa Ablauf der Elternzeit)? Oder haben sich im Laufe der Jahre im Ausland andere Perspektiven und Ideen ergeben, die jetzt in die Tat umgesetzt werden können? Vielleicht hat man Erfahrungen in Amerika gemacht, Dinge gelernt, die man für eine Selbstständigkeit oder einen neuen Beruf nutzen kann? Manches lässt sich noch vom Ausland aus vorbereiten, etwa der Aufbau einer Internetseite. Oder die Anmeldung für Kurse, Studiengänge und Ähnliches.

Wer eine neue Stelle sucht, kann auch das noch vor der Rückkehr angehen. Das fängt beispielsweise mit der Auffrischung des (Online-)Bewerbungsschreibens an. Oder der Sondierung des Arbeitsmarktes. Vielleicht möchte man aber auch erst einmal zurückkommen, Zeit haben fürs Einziehen, Einleben und Aufbauen von Kontakten – vielleicht auch zu Bekannten, die man in den USA getroffen hat.

Das dürfte einer der erfreulichen Aspekte einer Rückkehr sein: Auch wenn man nicht ausschließlich seine Zeit in den USA mit Expatriates verbracht hat, wird man sicherlich Deutsche kennengelernt haben, die bereits nach Deutschland zurückgekehrt sind. Zumindest denen ist man räumlich nun wieder näher. Und die werden sich freuen, endlich wieder mit jemandem über die schönen Zeiten in den USA reden zu können.

Letztlich ist der Weg, für den man sich in Bezug auf die berufliche Rückkehr entscheidet, zweitrangig. Aber wie der Amerikaner sagt: *„Be prepared!"* Man sollte vorbereitet sein. Nicht zuletzt angesichts des Eigen-Kulturschocks ist es wichtig, (zumindest gedanklich) einen Plan für die Zeit nach der Rückkehr zu haben. Die Rückkehr ist eine ebenso große Umstellung wie der Beginn der Delegation. Auch jetzt lässt man wieder etwas zurück – das womöglich liebgewonnene neue Leben. Und man muss wieder neu anfangen, zum zweiten Mal innerhalb kurzer Zeit. Doch wie schon das Expat-Dasein sollte man die Reintegration positiv sehen: Auch der Neuanfang in der alten Heimat eröffnet wieder Perspektiven, bietet die Möglichkeit, alles ein bisschen auf den Kopf zu stellen (oder auch nicht)!

4.3   Abwicklung eines Lebensabschnitts

Umziehen ist Stress. Das Einzige, was hilft, ist eine rechtzeitige Vorbereitung. Und das Wissen, dass es trotzdem chaotisch sein wird.

Das wohl Wichtigste ist ein **Haus**. Ist das vorhanden, müssen „nur" noch die Möbel dorthin zurückgeschafft werden. Das regelt in fast allen Fällen das Umzugsunternehmen und benötigt dafür lediglich ein Datum für den Umzug (je nach Umfang des Hab und Guts sind mehrere Tage fürs Verpacken notwendig) und aus Gründen des Versicherungsschutzes eine Liste der zu transportierenden Güter. Außerdem müssen die Dinge aussortiert werden, die in die Luftfracht kommen (speziell Kleidung und Kinderspielzeug), die also erst kurz vor der endgültigen Ausreise per Flugzeug verschickt werden. Und natürlich: Wer noch einen Urlaub plant, muss auch das bedenken. Was dazu benötigt wird, kommt also weder in den Container noch in die Luftfracht. Wer das eigene Haus in Deutschland untervermietet hat, muss rechtzeitig daran denken, den Untermietern zu kündigen (es sei denn, es wurde vorab eine Mietdauer festgelegt).

Wer kein Haus (mehr) hat, der wird sich eines besorgen müssen. Dies aus der Ferne zu organisieren, ist nicht einfach, aber möglich. So werden sich nahezu alle freien **Immobilien**, sei es zum Mieten oder zum Kauf, im Internet finden lassen. Dann brauchen Sie nur noch einen Mittelsmann vor Ort, Freunde oder die Familie, die sich das Ganze ansehen und „aussortieren". Eine (Dienst-)Reise sollte schließlich genügen, um das (letztlich übrig gebliebene) Objekt selbst in Augenschein zu nehmen. Wer plant, ein Haus oder eine Wohnung vorerst nur zu mieten, hat die Option, nach kurzer Zeit wieder auszuziehen. Oder aber Sie mieten gleich nur eine Wohnung als Übergangslösung. In manchen Fällen stellen auch die entsendenden Unternehmen Apartments nach der Rückkehr in die Heimat zur Verfügung.

So oder so werden Sie aber (wie schon zu Beginn der Delegation) die Frage beantworten müssen: Wo verbringen Sie die Zeit, die es braucht, ehe der Container in Deutschland (und schließlich vor der Haustür) anlandet? Sie können Urlaub machen, sich bei Verwandten oder Freunden einquartieren, die Zeit im *temporary housing* in den USA überbrücken oder sich eine Mischung aus allem zusammenstellen.

Wasserkocher, Fön, Brotbackautomat, Spielzeug, aus dem die Kinder herausgewachsen sind – es werden sich im Laufe der Zeit viele Dinge angesammelt haben, die aus unterschiedlichen Gründen gar nicht in Kisten verpackt werden müssen. Die Rückkehr in die

Heimat bietet so die bereinigende Gelegenheit zur „**Ausmistung**".
Aber wohin damit? Man kann die Dinge in den Müll werfen, an
Freunde verschenken – oder verkaufen. Vor allem Letzteres betreiben viele Deutsche, sie fotografieren ihre Habseligkeiten und verschicken die Verkaufslisten über die Expat-Verteiler.

Die Alternative ist – passend zum Land – die **Spende** („*donation*"). In den USA gibt es, wie in Deutschland auch, eine Reihe
von gemeinnützigen Organisationen, die sich über Spenden freuen
– oder vielmehr dringend darauf angewiesen sind. Die *Salvation
Army* (Heilsarmee), die Veteranen (*United War Veterans Council*
oder *Vietnam Veterans of America*) oder *Goodwill* sind beispielsweise große, anerkannte und zuverlässige Institutionen, die in
der Regel alles nehmen, Haushaltsgüter, Möbel, Spielzeug. Auf
den jeweiligen Internetseiten (www.salvationarmyusa.org, www.
goodwill.org, uwvc.org und www.pickupplease.org) gibt es genaue Informationen über die Spenden (in welchem Zustand sie
sich befinden sollten, was ausgeschlossen ist) und wo die Sachen
hingebracht werden sollen (die Veteranen bieten sogar einen Pick
up-Service an).

Administrativ hat ein Umzug einiges zu bieten. Sie müssen sich am
bisherigen Standort **abmelden** und am neuen Standort anmelden
(oder die Vorbereitungen dafür treffen). Beim Handy wäre zu klären, was es kostet, das Gerät „auszulösen", damit Sie es mit nach
Deutschland nehmen können. Wenn möglich, sollte ein Bankkonto in den USA zunächst behalten werden. Das sollte problemlos
möglich sein und bietet sich bei vielleicht gerade ungünstigen
Wechselkursen und mit Blick auf spätere Besuche oder Reisen an.
Rechtzeitig müssen auch Mitgliedschaften etwa in Fitnessclubs
gekündigt, die Kinder von Schule und Kindergarten abgemeldet
werden. Außerdem müssen sämtliche Autoversicherungen beendet
sowie die Hausrat- und Haftpflichtversicherung auf Deutschland
umgestellt werden; es wäre jetzt auch möglich, den Anbieter zu
wechseln, falls Sie das möchten. Auch die gesetzliche Krankenver-

sicherung – sollten Sie vor dem Umzug in die USA dort versichert gewesen sein – muss reaktiviert werden. Sehr wahrscheinlich werden Sie eine sogenannte Anwartschaft beantragt haben, das heißt, für die Dauer des Auslandsaufenthalts ruht der Leistungsanspruch, der Versicherungsschutz kann nach Rückkehr jedoch nahtlos wiederhergestellt werden, ein Anruf bei der alten Krankenkasse genügt.

Auch das **Auto** muss weg, verkauft oder verschrottet werden, je nach Zustand. Viele Unternehmen übernehmen für die letzten Wochen in den USA und/oder die ersten in Deutschland die Kosten für einen Mietwagen. Das Auto kann entweder online oder privat verkauft oder aber – wie schon das Haushaltsgut – gespendet werden. Die *Salvation Army* etwa übernimmt Wagen, auch sehr alte und mit Macken.

Die **Anmeldung** an **Kindergärten** und **Schulen** setzt voraus, dass Sie alsbald wissen, wo Sie wohnen werden. Deutsche Kindergärten haben oftmals lange Wartelisten und vielleicht sollten Sie sich sicherheitshalber und rechtzeitig bei mehreren in Frage kommenden Einrichtungen anmelden – absagen können Sie später immer noch. Auch die Anmeldung an einer Schule ist umso einfacher, je früher sie erfolgt. Die offiziellen Anmeldefristen sind meist im Februar – was nicht heißt, dass die Kinder später nicht mehr genommen werden. Es empfiehlt sich aber unter Umständen, mit dem Schulleiter vorab persönlich zu sprechen. Um zu klären, welche Defizite in welchen Fächern unter Umständen bestehen, wie diese aufgearbeitet werden können (manche Schulen bieten Hilfen für Schüler aus dem Ausland an), welche Klassenstufe die beste ist, ob vielleicht ein Probejahr vereinbart wird oder ob es alternative Schulen gibt, die womöglich besser geeignet sind. Da das Schulwesen in Deutschland Ländersache ist, können an dieser Stelle keine allgemeingültigen Ratschläge erteilt werden. Für einen ersten Überblick sollte man deshalb die Internetseiten der jeweiligen Bildungsministerien kontaktieren (dort finden sich dann auch Links in die Regionen sowie Städte und die dort existierenden Schulen und Schulformen). Viele Kinder kehren auch an die Schule zurück, die sie drei oder vier Jahre zuvor verlassen haben. Das erleichtert das Anmelden natürlich.

Wer einen neuen **Computer** benötigt, auch künftig auf einem *„oversized grill"* seine deutschen Steaks grillen möchte oder den **Jeans**-Vorrat aufstocken will, sollte sich beizeiten darum kümmern. Nur wenn sich die Waren ein halbes Jahr im eigenen Besitz befunden haben und man selbst mindestens ein Jahr im Ausland verbracht hat, kann eine sogenannte Umzugsgutabfertigung durchgeführt werden. Nur die stellt sicher, dass kein Zoll und keine Einfuhrumsatzsteuer bezahlt werden müssen. Das gilt auch für deutsche Autos, die in der Regel in den USA günstiger sind. Manche Unternehmen kommen für deren Transport auf, allerdings sollten Sie sich vorab informieren (und einkalkulieren), was die notwendige Umrüstung etwa von Scheinwerfern und Ähnlichem kostet.

So wie man aus dem Urlaub **Souvenirs** mitbringt, können Sie auch versuchen, das neue alte Leben mit liebgewonnenen Dingen aus der Auslandszeit zu verknüpfen. Mit Bildern, Möbeln oder solch banalen Dingen wie Kaffeetassen bleibt das alte Leben sichtbar und noch lange erhalten.

Sie sollten den **Abschied feiern**. Ein letztes Mal mit Freunden und Bekannten zusammenkommen und *„good-bye"* sagen. Das schafft einen klaren Rahmen, bereitet ein offizielles Ende, ein schönes zumal. Denn man wird (natürlich) versprechen, sich bald wiederzusehen, *„to stay in touch"*. Das wird, da sollten Sie realistisch sein, nicht immer funktionieren. Dafür ist der Atlantik dann doch zu breit.

Eine solche Party ist vielleicht nicht der beste Zeitpunkt, aber doch eine Erinnerung daran, das Adressverzeichnis zu aktualisieren. Sie werden aber „dranbleiben" müssen, mit Telefonaten vor allem, sonst verliert sich das Ganze. Was hilft, ist der Umstand, dass vor allem in den ersten Monaten die „Rückfallquote" bei den Rückkehrern hoch ist, sie ein großes Bedürfnis verspüren, in die USA zurückzukommen. Und viele tun das auch und nutzen die nächsten Ferien, den nächsten Urlaub für einen Besuch.

4.4   Wir bleiben (länger oder für immer)

Wer sich so gar nicht vorstellen kann, nach Hause zurückzukehren, kann auch bleiben. Vielleicht für ein paar mehr Jahre oder für immer. Sie wären nicht die Ersten, die zwei Jahre bleiben wollten, aber nach acht Jahren noch immer dort sind! Delegationen lassen sich nicht unbegrenzt, so doch aber um ein paar Jahre verlängern, und sofern nicht andere Gründe dagegen sprechen, ist das vielleicht eine Alternative. Man weiß jetzt, wie schnell die Jahre verfliegen, dass sich während dieser Zeit „zu Hause" nur wenig ändert, dass einem gute Freunde erhalten bleiben und die Familie sowieso. Warum das Abenteuer nicht noch etwas verlängern? Schließlich waren Sie doch sowieso erst gerade angekommen, oder nicht? Und es gibt noch so viel zu entdecken...

Allerdings sollten Sie gelegentlich in den Pass und auf das Visum schauen. Das werden Sie unter Umständen verlängern müssen, was nicht ganz so einfach ist (je nach Visum ist die Gültigkeit unterschiedlich lang). Denn dafür werden Sie nach Deutschland reisen und die Pässe zur Visumsverlängerung beim amerikanischen Konsulat einreichen müssen. Das kann ein paar Tage dauern, wie viele, verraten die Amerikaner nicht. Das Einzige, was Sie vorher festlegen können und müssen, ist der Tag der Ausweisabgabe. Dann heißt es Geduld haben. Wer nur noch ein paar Monate zu überbrücken hat und in dieser Zeit auch nicht plant, das Land zu verlassen, kann trotz abgelaufenen Visums so lange legal in den USA bleiben, bis das sogenannte *„Arrival/Departure"*-Dokument I-94 abläuft (der Delegierte selbst allerdings wird aus arbeitsrechtlichen Gründen in der Regel ein gültiges Visum brauchen). Das I-94 ist ein Einreiseformular für Inhaber von Nichteinwanderervisa. Seit 2013 müssen Reisende das Formular nicht mehr ausfüllen, die Datenerfassung erfolgt bei Einreise in die USA elektronisch. Auf dem I-94 ist ein Departure-Datum vermerkt – an dem Tag muss man spätestens die USA verlassen (unter https://i94.cbp.dhs.gov/I94 kann der Status des eigenen I-94 überprüft werden).

Man kann auch eine Greencard (*„permanent resident card"*) beantragen beziehungsweise Unternehmen können das für Arbeitnehmer aus dem Ausland übernehmen. Selbst wenn man nicht plant, ewig zu bleiben, bietet die Greencard doch den Vorteil, dass man damit nicht mehr abhängig ist von Gültigkeiten des Visums, sondern unbegrenzt in den USA leben und arbeiten darf (weitere Informationen unter www.uscis.gov). Ein ganz anderer Schritt ist der einer Einbürgerung, also die Entscheidung, Amerikaner zu werden. Den deutschen Pass muss man dafür nicht zwangsläufig abgeben. Wer eine doppelte Staatsbürgerschaft wünscht, muss zunächst gegenüber dem deutschen Staat in einer sogenannten Beibehaltungserklärung begründen, weshalb man die amerikanische Staatsbürgerschaft erlangen, gleichzeitig die deutsche aber nicht ablegen möchte. Anschließend stellt man den Antrag auf Einbürgerung (*„naturalization"*) – Voraussetzung ist allerdings, dass man seit fünf Jahren eine Greencard besitzt. Auch sollte man die Antworten auf die 100 *„civics questions"*, die Geschichte und Regierung der USA betreffen, wissen. Etwa was das oberste Gesetz der Vereinigten Staaten ist (die Verfassung), wie viele Senatoren es gibt (100) und wann die Steuererklärung spätestens eingereicht werden muss (15. April). Englisch sollte man natürlich auch (leidlich) können!

Was die Arbeit betrifft, werden sich die Delegierten alsbald nach einem Job umsehen beziehungsweise – wenn sie bei ihrer Firma bleiben – den Delegationsstatus in einen lokalen Vertrag umwandeln müssen. Vermutlich wird dieser Prozess eher schleichend erfolgen: Aus den drei Jahren werden fünf, dann sieben, bis man plötzlich ein Jahrzehnt in den USA lebt und vor allem den Kindern eine Rückkehr nach Deutschland eher wie ein Scherz als die Realität vorkommen wird. Doch das ist dann das Thema für ein ganz neues Buch ...

Die Infrastruktur des Landes ist oftmals in einem schlechten Zustand. Da werden Hochspannungsmasten schon mal mit einem Seil zusammengehalten. Und verlassene Orte bleiben, was sie sind: verlassen!

Anhang

Checkliste

Vor der Ausreise

- Formalitäten klären bezüglich Visum und Arbeitserlaubnis (bei Entsendungen kümmern sich die Unternehmen um Visa für die ganze Familie; auch die Beantragung einer Arbeitserlaubnis für mitreisende Partner später vor Ort regelt in vielen Fällen die Firma)

- Gültigkeitsdauer der Reisepässe prüfen

- Suche einer geeigneten Unterkunft sowie einer passenden „Zwischenlösung"

- Über Kindergärten und Schulen informieren

- Informieren des Arbeitgebers des mitreisenden Partners, ggf. Kündigungsfrist beachten beziehungsweise Auszeiten oder Arbeitsmöglichkeiten im Ausland abklären

- Meldung bei Sozialbehörden (Kranken- und Pflegeversicherung, zuständiger Rentenversicherungsträger, Arbeitslosenversicherung)

- Finanzamt informieren

- Kindergarten oder Schule informieren (Fristen beachten!), Zeugnisse mitnehmen und ggf. übersetzen lassen

- Flug buchen

- Umzugsfirma organisieren und klären, was mit dem Hausrat sowie Autos o. Ä. passieren soll (Verkauf?, Einlagern?, Mitnehmen?), Zollbestimmungen klären

- Versicherungen anpassen oder kündigen:

  o Kfz-Versicherung kündigen oder ändern

  o Krankenversicherung: evtl. Anwartschaft beantragen

  o Hausrat- und Haftpflichtversicherung

  o Private Lebensversicherung

  o Berufsunfähigkeitsversicherung

  o Unfallversicherung

  o Rechtsschutzversicherung

- Bank(en) informieren (Sparpläne und Darlehen prüfen, evtl. Bankvollmacht an Dritte)

- Impfstatus prüfen

- Ggf. Unterlagen von Ärzten und Untersuchungen mitnehmen

- Reisedokumente:

  o Pässe, Personalausweis

  o Einreise- und Aufenthaltserlaubnis

  o Arbeitserlaubnis

  o Führerschein

  o Stammbuch mit allen wichtigen Urkunden

  o Impfausweise

  o Lebenslauf, Zeugnisse

- o   Passbilder

- o   Wichtige Adressen, u. a. konsularische Vertretungen in den USA, Fluggesellschaft etc.

- o   Flugtickets und Fahrkarten

- o   Kreditkarten

- Nachsendeauftrag bei der Post einrichten, bestenfalls an eine Vertrauensadresse in Deutschland, da der Versand in die USA teuer ist

- Bei der zuständigen Meldebehörde abmelden (die Abmeldebestätigung unbedingt aufheben!)

- Abmelden:

  - o   Kindergeld, Elterngeld, Betreuungsgeld

  - o   Telefon, Mobiltelefon

  - o   GEZ, Kabel

  - o   Zeitschriften und Zeitungen

  - o   Automobilclub

  - o   Kundenkarten

  - o   Vereinsmitgliedschaften

Während des Aufenthalts

- Sozialversicherungsnummer beantragen (persönlich in einem Social Security Office)
- Amerikanischen Führerschein machen
- Krankenversicherung abschließen
- Bankkonto eröffnen
- Beim zuständigen deutschen Konsulat melden
- Nach Einzug Strom, Gas, Telefon, Mobiltelefon, Internet anmelden
- Autos kaufen und versichern lassen
- Renters insurance und ggf. weitere Versicherungen abschließen
- Ggf. Arbeitserlaubnis beantragen
- Ggf. Sprachkurs und Weiterbildungsangebote für mitreisenden Partner wahrnehmen
- Regelungen für Notfälle treffen (Kinder)
- Vorbereitungen für die eigene Sicherheit treffen (je nach Region und Jahreszeit mit Decken, Konserven usw. eindecken)
- Bei www.nixle.com anmelden
- Neue elektronische Geräte besorgen
- Neu erworbene Qualifikationen und Kompetenzen dokumentieren
- Kontakt zu deutschen Kollegen, Freunden und natürlich Familie halten

Rückreise

→ Im Prinzip analog zur Hinreise, zusätzlich:

- Haus, Wohnung in den USA kündigen und evtl. neue Wohnung oder Haus in Deutschland suchen

- Evtl. nicht mehr benötigte Gegenstände noch in den USA verkaufen oder spenden

- Abmelden beim Konsulat

- Rückführung in das deutsche Sozialversicherungssystem, Information der Steuerbehörden

- Sollten Sie Ihr Auto mitnehmen wollen, so ist dies steuerfrei nur möglich, sofern dies zuvor mindestens sechs Monate in Ihrem Besitz war. Das gilt im Prinzip auch für andere Güter wie Grill, Gartenstühle, Sofa und sonstiges; auch die müssen sich (genaugenommen) ein halbes Jahr vorher im eigenen Besitz befinden, um zoll- und einfuhrumsatzsteuerfrei sein zu können.

Nützliche Links

Bildung:

https://www2.ed.gov/about/offices/list/ous/international/usnei/us/edlite-structure-us.html (Schulstruktur der USA)

www.privateschoolreview.com

www.corestandards.org (Bildundsstandards)

www.pta.org und www.ptotoday.com (Parent Teacher Association/Parent Teacher Organization)

www.bva.bund.de/DE/Organisation/Abteilungen/Abteilung_ZfA/zfa_node.html (Auslandsschularbeit)

www.pasch-net.de (u.a. Deutsche Samstagsschulen)

www.deutsche-fernschule.de/

www.educationusa.info (Allgemeine Informationen über das US-Bildungssystem)

www.naces.org (Anerkennung deutscher Bildungsabschlüsse)

Haussuche:

www.realtor.com

www.zillow.com

Jobsuche:

www.careerbuilder.com

www.glassdoor.com

www.indeed.com

www.uscis.gov (Department of Homeland Security, Beantragung der Arbeitserlaubnis)

Deutschsprachige Kirchen:

www.ekd.de/international/auslandsgemeinden (Evangelische Kirche)

www.auslandsseelsorge.de (Katholische Kirche)

Spenden/Freiwilligendienste:

www.goodwill.org

www.salvationarmyusa.org

www.uwvc.org

www.pickupplease.org

www.volunteermatch.org (hier können Freiwillige eine passende Organisation finden)

Medien:

www.npr.org (nationaler öffentlicher Radiosender, allein finanziert aus Spenden)

www.50States.com/news (listet alle Zeitungen nach Bundesstaaten auf)

Auto/Reisen:

www.greyhound.com (Langstreckenbusse)

www.amtrak.com (Bahn)

www.aaa.com (so etwas wie der ADAC)

US-Ministerien:

www.usda.gov (Landwirtschaftsministerium)

www.dol.gov (Arbeitsministerium)

www.dhs.gov (Department of Homeland Security)

www.ed.gov (Bildungsministerium)

www.hhs.gov (Gesundheitsministerium)

travel.state.gov (Ministerium für alles rund ums Thema Reisen & Visum)

Deutsche Anlaufstellen:

www.auswaertiges-amt.de

www.germany.info

Sonstiges:

www.ymca.com

www.usps.com (Amerikanische Post)

www.health.gov/nhic (Nationales Gesundheitsinformationszentrum)

www.fs.fed.us (hier sind alle State Forests aufgeführt)

www.npca.org (National Park Conservation Association, Überblick über alle Nationalparks)

www.reserveamerica.com (Reservierung von Campingplätzen und Unterkünften in Nationalparks und State Forests)

www.care.com

www.sittercity.com

www.meetup.com

www.nixle.com (Informationen von Behörden, Schulen, Polizeidienststellen direkt aufs Handy)

www.craigslist.com (Kleinanzeigen USA-weit)

Dort, wo einst die Zwillingstürme des World Trade Centers standen, streckt sich jetzt ein neuer Wolkenkratzer in die Höhe. Er heißt ganz simpel One World Trade Center und ist der höchste Turm der USA (mit Antenne 1776 Fuß hoch, die Zahl ist gleichzeitig das Datum der amerikanischen Unabhängigkeitserklärung).

Dileta Fernandes Sequeira

Gefangen in der Gesellschaft – Alltagsrassismus in Deutschland

Rassismuskritisches Denken und
Handeln in der Psychologie

2015, 596 Seiten
Hardcover
29,95 € [D] / 30,80 € [A]
ISBN 978-3-8288-3537-5

Dieses Kompendium liefert die erste ausführliche Beschäftigung mit den psychologischen Folgen von Alltagsrassismus in Deutschland. Die Psychologin Dileta Sequeira hat sich mit den traumatisierenden Folgen rassistischer Gewalt beschäftigt und zeigt an zahlreichen Beispielen, was dies für ihr Fachgebiet bedeutet.

Denn Rassismus fordert Therapeuten im Kern ihrer Tätigkeit heraus. Menschen, die Rassismus erleben, erfahren diese durch Personen, auf die sie im Alltag angewiesen sind. Betroffene können sich diesem nicht entziehen – nicht einmal im Rahmen der psychologischen Institutionen, in denen sie nach Hilfe suchen. Eine rassismuskritische therapeutische oder pädagogische Praxis muss deswegen ganz eigene Strategien im Umgang mit diskriminierenden Strukturen und individuellen Rassismuserfahrungen entwickeln.

In diesem Zusammenhang entwickelt Sequeira Lösungsansätze, die auf die Ermächtigung der Betroffenen und gesellschaftliche Veränderungen gleichermaßen zielen.

Dileta Sequeira ist seit 1987 als Psychologin und Therapeutin tätig. Sie ist Trainerin für »Rassismuskritisches Denken und Handeln« und bietet Vorträge, Seminare, Beratung und Supervision zu diesem Themenbereich an.